Annette Richert
Materialien und Kopiervorlagen
zur Klassenlektüre

Manfred Mai

Die Schildbürger

Hase und Igel®

Inhalt

Das Buch / Das Material . . . 3

Hinweise zur Unterrichtsgestaltung und zu den Kopiervorlagen . . . 4

Kopiervorlagen:

Einführung des Buches
Lesebegleitheft . . . 18

1. Warum sich die Schildbürger dumm stellten
Warum sich die Schildbürger dumm stellten . . . 19
Guter Rat . . . 20
Was die Frauen alles tun mussten . . . 21
Irgendwann wurde es ihnen zu dumm . . . 22
Der Schiefe Turm von Pisa . . . 23
Höhenvergleich . . . 24
Wer klug tut . . . 25

2. Ein ganz besonderes Rathaus
So ein Durcheinander! . . . 26
Das Rathaus von Schilda . . . 27
Stockfinster oder sonnenhell? . . . 28
Leben in einer mittelalterlichen Stadt . . . 29
Schildapuzzle . . . 30
Berufe – früher und heute . . . 31

3. Der versalzene Gemeindeacker
Richtig oder falsch? . . . 32
Das weiße Gold . . . 33
Zucker oder Salz? . . . 34
Wir züchten Salzkristalle . . . 35
Im Märzen der Bauer . . . 36

4. Sparsame Leute
Sparsame Leute . . . 37
Schwierige Ernte . . . 38
Bullenspiele . . . 39

5. Wer kann am besten reimen?
Die Nachricht des Boten . . . 41
Wer findet das richtige Reimwort? . . . 42
Lauter Reime . . . 43

6. Der Kaiser kommt
Wie begrüßt man einen Kaiser? . . . 44
Viele Steckenpferde . . . 45
Schildaspiel . . . 46

7. Der Maushund
Das Ende der Geschichte . . . 50
Der Maushund . . . 51
Auf Mäusejagd . . . 52

Nach der Lektüre
Kreuz und quer durchs Buch . . . 53
Deine Meinung ist gefragt! . . . 54
Schildbürgerspiele . . . 55

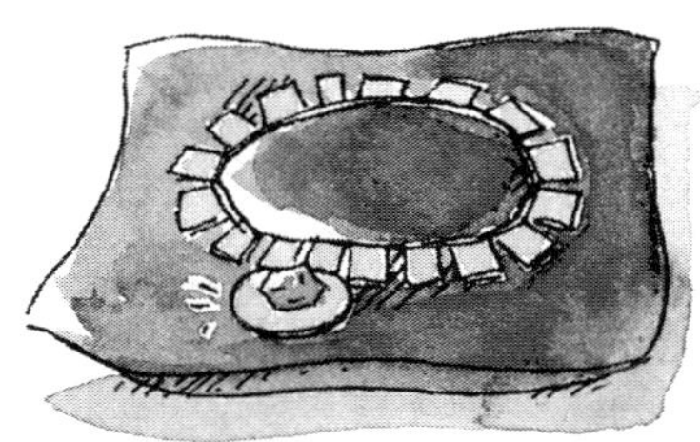

www.hase-und-igel.de
Lektorat: Birgit Fürst
Satz: Helga Lindemann
Illustrationen: Petra Dorkenwald

ISBN 978-3-86760-421-5
2. Auflage 2022

Das Buch

„Wie kann man nur so dumm sein?“ Wer die Schildbürgerstreiche liest, kann sich ein Schmunzeln und Kopfschütteln meist nicht verkneifen.

Die Geschichten über die legendäre Dummheit der Bewohner Schildas faszinieren seit mehr als vierhundert Jahren unzählige Leser. Neben der Legende um Till Eulenspiegel sind sie die bekannteste Sammlung von Schelmengeschichten in Romanform. Auch heute noch bezeichnet man aberwitzige und irreführende Regelungen oder eine sich ins Gegenteil verkehrende Bürokratie als „Schildbürgerstreich“.

Manfred Mai hat die lustigsten Schildbürgergeschichten ausgewählt und für junge Leserinnen und Leser neu erzählt. Die Kinder unternehmen mit der Lektüre einen Ausflug ins Spätmittelalter und tauchen in eine fremde Welt ein. Sie erfahren, wie die Schildbürger alltägliche und außergewöhnliche Probleme auf sehr dumme Art lösen: Beim Rathausbau haben sie die Fenster vergessen, daher versuchen sie das Sonnenlicht mit Eimern und Säcken einzufangen. Weil das Salz knapp wird, wollen sie „Salzkraut“ auf dem Gemeindeacker anpflanzen. Ihren Stadtbullen erwürgen sie, als sie ihn an einem Seil zum Grasen auf die Stadtmauer ziehen. Und schließlich legen sie aus Angst vor einer Katze ihre schöne Stadt in Schutt und Asche.

Anspruch und Umfang der voneinander unabhängigen Geschichten eignen sich für Schüler ab Mitte der zweiten und in der dritten Klasse. Satzstruktur und Wortwahl entsprechen dem Leistungsvermögen der Kinder dieser Altersstufe. Farbenfrohe und witzige Illustrationen tragen dazu bei, die Lesemotivation der Schüler zu fördern und zu erhalten.

Das Material

Das vorliegende Unterrichtsmaterial ist in einen didaktischen Teil und sich daran anschließende Kopiervorlagen gegliedert. Im Lehrerteil finden Sie zu Beginn jedes Abschnittes inhaltliche Zusammenfassungen der einzelnen Schildbürgerstreiche und Gesprächsanlässe. Es folgen Hinweise und Lösungen zu den Kopiervorlagen. Die weiterführenden Anregungen geben Impulse zur Weiterarbeit an verschiedenen Themen.

Die Kopiervorlagen (ab Seite 18) sind dem Lesevermögen der Kinder angepasst und können weitgehend selbstständig bearbeitet werden. Durch abwechslungsreiche Übungen sichern sie das Textverständnis und greifen thematische Aspekte der Geschichten auf. So lernen die Schüler beispielsweise das Leben in einer mittelalterlichen Stadt kennen. Außerdem erfahren sie, warum Salz für die Schildbürger so kostbar war, und informieren sich über den Bau des Schiefen Turms von Pisa.

Auch sprachliche Übungen werden angeboten: Die Schüler beschäftigen sich mit zusammengesetzten Adjektiven, setzen Verben in verschiedene Personalformen, finden Reimwörter, lernen Sprichwörter kennen und gehen mit Wortfamilien um.

Verschiedene Bastelideen, ein Lied, ein Brettspiel und Anregungen für Spiele im Sportunterricht lockern den Unterricht auf und runden die Lektüre ab.

Die Symbole in der Kopfleiste jeder Kopiervorlage geben die methodischen Schwerpunkte an, die auf dem betreffenden Arbeitsblatt zum Tragen kommen. Dies ermöglicht einen schnellen Überblick über die anzuwendenden Arbeitstechniken.

Einführung des Buches

Lesen Sie den Anfang der Lektüre bis „Aber warum taten sie das?“ (Seite 7) vor. Die Kinder machen sich Gedanken, wozu es gut sein könnte, sich dumm zu stellen. In welcher Situation haben sie sich selbst schon einmal dumm gestellt? Halten Sie die Ideen der Schüler an der Tafel oder auf einem Plakat fest. Dann bekommt jeder sein eigenes Buch und erfährt den tatsächlichen Grund für die berühmte Dummheit der Schildbürger. Später können Sie auf die Ideensammlung zurückkommen und die Kinder vergleichen ihre Gedanken mit dem Buchinhalt.

Hinweise zur Kopiervorlage

KV Seite 18

Lesebegleitheft
Jedes Kind sammelt seine Arbeitsblätter zur Lektüre in einem Lesebegleitheft. Dazu eignet sich ein Ordner, in den die Blätter nach dem Bearbeiten geheftet werden. Die Vorlage kann als Titelseite dienen. Die folgenden Abenteuer sind darauf bereits skizziert und können im Laufe der Zeit betitelt und angemalt werden. So haben die Schüler am Ende einen kompakten Überblick zu den Geschichten, die sie dadurch bestimmt lange im Gedächtnis behalten. Das „Schild“ der Schildbürger kann jedes Kind individuell ausgestalten.

1. Warum sich die Schildbürger dumm stellten

Inhalt

Vor mehr als fünfhundert Jahren gab es in Deutschland eine kleine Stadt, die Schilda hieß. Ihre Einwohner galten als die dümmsten Menschen der Welt und wurden von allen verlacht. Dies war jedoch nicht von Anfang an so.

Eigentlich waren die Schildbürger sehr kluge Leute und wurden selbst von Kaisern und Königen um ihren schlauen Rat gebeten. Mit der Zeit lockten Geld und Ruhm viele Männer aus Schilda weg in fremde Länder. Zurück blieben die Frauen, die nun die ganze Arbeit allein erledigen mussten, und die Kinder. Die Situation in der Stadt wurde immer unerträglicher und so forderten die wütenden Frauen ihre Männer auf, zurückzukehren.

Als die Männer wieder in Schilda sind, schmieden sie einen Plan: Um zu verhindern, dass sie wieder als Ratgeber fungieren müssen, stellen sie sich absichtlich dumm. Die Warnung des Lehrers, dass sie irgendwann wirklich dumm sein würden, ignorieren sie einfach.

Gesprächsanlässe

Die Schildbürger stellen sich dumm.

- Warum tun sie das?
- Welche Probleme könnte es dabei geben?
- Was könnte ein wirklich dummer Ratschlag der Schildbürger sein? Findet zu alltäglichen Problemen (z. B. abgebrochener Bleistift, Bus verpasst, Mathebuch in der Schule vergessen) dumme Ratschläge.

Weil die Männer fort sind, müssen die Frauen die ganze Arbeit allein erledigen.

- Was müssen die Frauen alles tun?
- Welche „typischen Männerarbeiten“ erledigen die Frauen täglich?
- Welche Arbeiten oder Berufe empfindest du heute als „typisch männlich“? Warum?
- Gibt es auch „typische Frauenberufe“? Welche fallen dir ein?

Hinweise zu den Kopiervorlagen

Warum sich die Schildbürger dumm stellten
Die Kinder wiederholen den Inhalt des ersten Kapitels, indem sie die Sätze vervollständigen. Stellen Sie es den Schülern frei, ob sie diese Aufgabe aus dem Gedächtnis lösen oder im Buch nachschlagen möchten.

Beispiellösung
Die Schildbürger galten als die dümmsten Menschen in der ganzen Welt.
Aber früher waren sie die klügsten Menschen der Welt.
Sie waren so klug, dass selbst Kaiser und Könige Boten schickten, um ihren Rat einzuholen.
Viele Schildbürger verließen die Stadt, weil Herrscher aus anderen Ländern Geschenke, Geld und Ruhm versprachen.
Obwohl sie Geld nach Hause schickten, ging es mit Schilda bergab.
Denn nun blieb alle Arbeit an den Frauen hängen.

Irgendwann wurde es den Frauen zu dumm und sie schrieben wütende Briefe an ihre Männer.
Als die Männer zurückkamen, sahen sie eine verwahrloste Stadt und ungepflegte Kinder.
Die Lösung für dieses Problem hatte der Schweinehirt.
Schuld an diesem Unheil war seiner Meinung nach die Klugheit.
Um wieder in Ruhe leben zu können, mussten sie sich dumm stellen.

KV Seite 20

Guter Rat

Anknüpfend an die Ratschläge und Beratertätigkeit der Schildbürger greift die Kopiervorlage das Thema „Wortfamilien" auf. Die Kinder erkennen, dass Wörter, die zu einer Wortfamilie gehören, verwandte Wortstämme haben. Dadurch lassen sich viele Rechtschreibfehler vermeiden.

Schnellere Schüler schreiben alle Wortfamilien geordnet ins Heft oder auf ein Blatt. Regen Sie sie außerdem dazu an, weitere Wortfamilien zu bilden, beispielsweise zu den Wortstämmen „setz" oder „steh/stand".

Lösung

Vor langer Zeit lebten in Schilda die klügsten Menschen der ganzen Welt. Von überall her kamen Leute nach Schilda, um sich Rat zu holen. Selbst Kaiser und Könige aus fernen Ländern schickten Boten, wenn sie in einer schwierigen Frage beraten werden wollten. Und weil die Ratschläge immer gut waren, wünschten sich die Herrscher vieler Länder einen Schildbürger als Berater an ihren Hof. Sie lockten mit prächtigen Geschenken, um die Männer als Ratgeber zu gewinnen.

„geh": gehen, Gehsteig, Gehweg, begehen, begehbar, weggehen
„wohn": Wohnung, Wohnmobil, bewohnen, Wohnort, wohnlich, Bewohner, Anwohner, wohnen
„back/bäck": Backblech, aufbacken, Bäcker, Gebäck, backen, gebacken, Zwieback, Backofen
„spiel": Spieler, abspielen, verspielt, Spielzeug, spielerisch, spielen, Brettspiel, zuspielen
Folgende Wörter passen zu keiner Wortfamilie: Geheimnis, sehen, Spiegel

KV Seite 21

Was die Frauen alles tun mussten

Wiederholen Sie bei Bedarf vor dem Bearbeiten der Kopiervorlage mit den Schülern die Wortarten. Wichtigstes Erkennungsmerkmal von Verben ist, dass sie ausdrücken, was jemand oder etwas tut. Man schreibt sie klein.

Lassen Sie die Kinder die Verben im Text selbstständig unterstreichen und überprüfen Sie anschließend gemeinsam das Ergebnis. Bilden Sie mit leistungsschwächeren Schülern die Personalformen zunächst mündlich.

Leistungsstärkere Kinder können die Verben auch in verschiedene Zeitformen (1./2. Vergangenheit) setzen. Dazu legen sie im Heft eine Tabelle an.

Lösung

Sie mussten die Felder pflügen, mussten säen und ernten. Sie mussten das Getreide mahlen und das Brot backen. Sie mussten Gemüse und Obst auf dem Markt verkaufen. Sie mussten das Vieh versorgen, die Häuser reparieren und natürlich auch noch die Kinder erziehen und unterrichten.

Grundform	1. Person Einzahl	1. Person Mehrzahl
pflügen	ich pflüge	wir pflügen
säen	ich säe	wir säen
ernten	ich ernte	wir ernten
mahlen	ich mahle	wir mahlen
backen	ich backe	wir backen
verkaufen	ich verkaufe	wir verkaufen
versorgen	ich versorge	wir versorgen
reparieren	ich repariere	wir reparieren
erziehen	ich erziehe	wir erziehen
unterrichten	ich unterrichte	wir unterrichten

Weiterführende Anregung

Lassen Sie die Kinder die Verben pantomimisch darstellen. Zunächst spielen einzelne Schüler ihren Klassenkameraden jeweils ein Verb mit Mimik und Gestik vor. Veranstalten Sie dann einen kleinen Wettbewerb.
Bilden Sie Gruppen von drei bis vier Schülern, damit alle aktiv werden können. Jeweils zwei Teams spielen gegeneinander. Ein Kind wählt ein Verb aus, notiert es versteckt und stellt es anschließend pantomimisch dar. Errät seine Mannschaft das Wort?

Irgendwann wurde es ihnen zu dumm

Diese kreative Schreibaufgabe macht den Kindern sicher Spaß. Die Wut der Frauen soll in den Briefen deutlich zum Ausdruck kommen. Achten Sie aber darauf, dass trotz aller Emotionen Schimpfwörter vermieden werden.

Der Schiefe Turm von Pisa

Sicher haben einige Schüler schon vom Schiefen Turm von Pisa gehört. Zeigen Sie den Kindern ein Bild dieses berühmten Gebäudes und sprechen Sie mit ihnen darüber: Wer kennt dieses Gebäude? Wo steht der Turm? Warum ist er so berühmt? Vielleicht hat ein Kind den Schiefen Turm von Pisa schon besucht und möchte von seinen Eindrücken erzählen.

Die Schüler erfahren durch den Text interessante Fakten und Daten zu dem Gebäude. Außerdem üben sie bei der Aufgabe, einem Text gezielt Informationen zu entnehmen.

Lösung

Mit dem Bau wurde im Jahr 1173 begonnen.
Der Turm sollte ursprünglich 100 m hoch werden.
Es neigte sich, weil es für den sandigen Untergrund zu schwer wurde.
Der Schiefe Turm von Pisa ist 54 m hoch.

Höhenvergleich

Die Kopiervorlage weitet das Thema „Schiefer Turm von Pisa“ aus und beschäftigt sich auch mit einigen anderen berühmten Gebäuden. Die Schüler können die Türme der Größe nach ordnen, indem sie zunächst mit Bleistift Nummern neben die Bilder schreiben. Kontrollieren Sie die Ergebnisse, ehe die Kinder die Gebäude in die Tabelle eintragen.

Lassen Sie die Kinder vergleichend auch die Höhe ihres Schulhauses schätzen.

Das maßstabsgetreue Zeichnen der Türme verdeutlicht die Größenunterschiede. Diese Aufgabe erfordert exaktes Arbeiten. Lösen Sie sie zusammen mit Ihren Schülern, indem Sie auf einer Folie oder an der Tafel mitzeichnen.

Sicher macht es den Kindern Spaß, weitere Informationen zu den verschiedenen Gebäuden zu sammeln. Wann wurde das Gebäude erbaut? Wozu dient es?

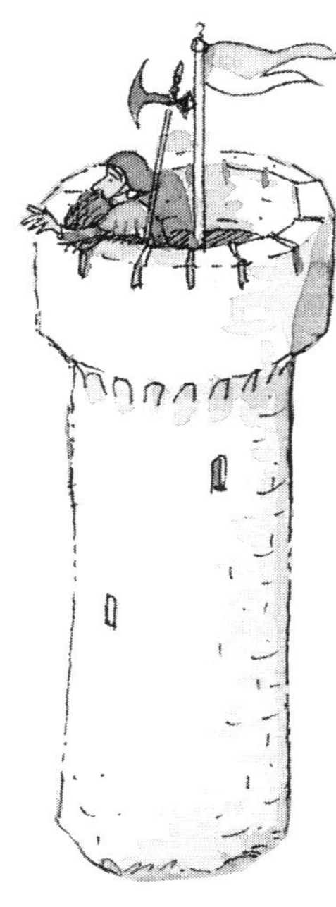

Teilen Sie die Klasse in Gruppen ein und lassen Sie sie Referate vorbereiten. Im Internet oder in Sachbüchern sammeln die Schüler Informationen und suchen passende Bilder, die sie dann der Klasse präsentieren. Sie können das Thema auch auf weitere hohe Bauwerke ausweiten (z.B. CN Tower, Toronto/Kanada: 553 m; Fernsehturm Ostankino, Moskau/Russland: 537 m; Shanghai World Financial Center, Shanghai/Volksrepublik China: 492 m; Commerzbank Tower, Frankfurt am Main/Deutschland: 300 m) oder Gebäude in ihrer Umgebung einbeziehen.

Lösung

Gebäude	Höhe
Burdsch Chalifa	830 m
Taipei 101	508 m
Empire State Building	448 m
Berliner Fernsehturm	368 m
Schiefer Turm von Pisa	54 m

Wer klug tut

Anknüpfend an die Warnung des Lehrers, dass man nicht klug wird, wenn man klug tut, aber höchstwahrscheinlich dumm wird, wenn man sich lange genug dumm stellt, lernen die Kinder verschiedene Sprichwörter zum Thema „Klugheit“ und „Dummheit“ kennen.

Lösung

Der Vorteil der Klugheit besteht darin, dass man sich dumm stellen kann. Das Gegenteil ist schwieriger.
Der Klügere gibt nach.
Dummheit schützt vor Strafe nicht.
Dumm bleibt dumm, da helfen keine Pillen.
Jeder Fehler erscheint unglaublich dumm, wenn andere ihn begehen.
Am Abend ist man klug für den vergangenen Tag, doch niemals klug genug, für den der kommen mag.

2. Ein ganz besonderes Rathaus

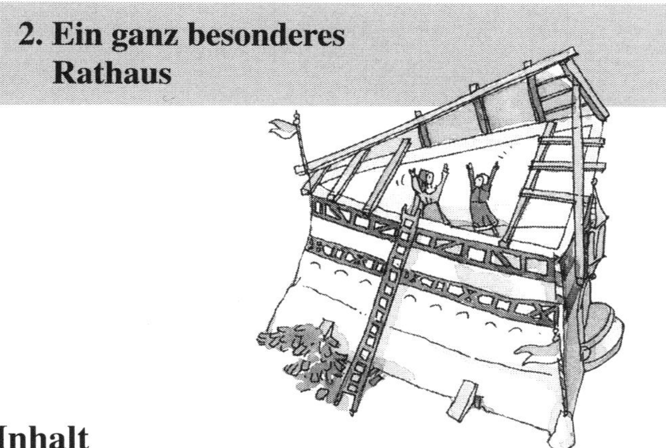

Inhalt

Um der Welt ihre Dummheit glaubhaft zu machen, beschließen die Schildbürger, ein dreieckiges Rathaus zu bauen. Dazu müssen die Männer Bauholz schlagen und über den Schildberg transportieren. Nach langem, mühseligem Hinauf- und Hinuntertragen der Baumstämme merken die Schildbürger zufällig, dass die Stämme den Berg von allein hinunterrollen. Um es ihnen heimzuzahlen, tragen die Männer alle Stämme wieder hinauf, nur um sie dann bewusst hinunterrollen zu lassen.

Anschließend beginnen sie mit dem Bau des Rathauses. Nach kurzer Zeit ist das Gebäude fertig. Bei der feierlichen Einweihung wird die erste Begehung zur Katastrophe: Die Schildbürger stellen fest, dass es in ihrem neuen Rathaus stockdunkel ist. Sie versuchen das Sonnenlicht – wie Wasser – in Eimern einzufangen und im Rathaus auszuschütten. Da dies nicht funktioniert, folgen sie dem Rat eines Wanderburschen und decken das Dach ab. Dies sorgt zwar zunächst für Licht, jedoch machen die Bürger nach wiederholten Regenfällen das Dach wieder zu. Der Wanderbursche macht mit seinen Erzählungen das Schildaer Rathaus in aller Welt bekannt.

Gesprächsanlässe

Lesen Sie die Geschichte zunächst nur bis zur ersten Begehung des Bauwerkes und der Frage des Schuhmachers: „Was war denn eigentlich los?“

- Beantwortet die Frage des Schuhmachers.
- Warum sind die Schildbürger gestolpert?
- Warum ist es im neuen Rathaus dunkel?

Der Bürgermeister stellt fest, dass es in dem neuen Rathaus dunkel ist.

- Welche Ratschläge werden gegeben, damit es in dem Gebäude hell wird?
- Warum funktioniert das Abfüllen des Sonnenlichts nicht?
- Welchen Vorschlag macht der Wanderbursche?
- Was ist das Problem bei seinem Vorschlag?
- Was kann man tun, damit es im Rathaus hell wird? Sammelt eure Vorschläge und bewertet, ob sie funktionieren und leicht umsetzbar sind.

Viele Reisende kommen nach Schilda, um das Rathaus ohne Fenster zu sehen.

- Welche bekannten Bauwerke hast du schon gesehen?
- Welche berühmten Gebäude gibt es in der Nähe deines Wohnortes? Was weißt du über sie? Was ist das Besondere daran?

Hinweise zu den Kopiervorlagen

KV Seite 26

So ein Durcheinander!
Die Aufgabe überprüft, ob die Kinder die Geschichte vom Rathausbau genau gelesen und verstanden haben. Der Lösungssatz ermöglicht eine Selbstkontrolle. Schnellere Schüler dürfen ihre Lieblingsszene aus der Geschichte auf die Rückseite des Blattes malen.

Lösung

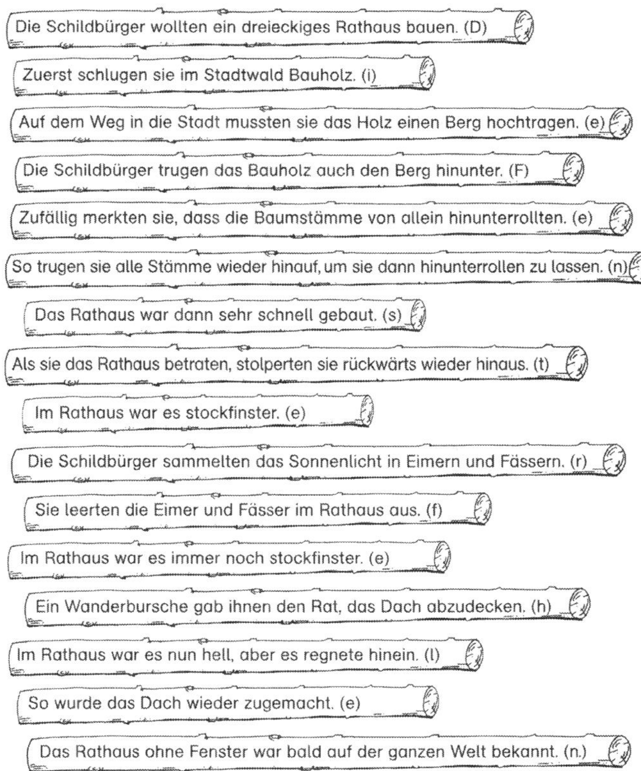

Lösungssatz: Die Fenster fehlen.

KV Seite 27

Das Rathaus von Schilda

Die Kinder basteln nach der abgedruckten Anleitung ihr eigenes Schilda-Rathaus. Zum Schluss sollen sie durch das Ausschneiden von Fenstern erfolgreicher als die Schildbürger Licht in das Gebäude bringen. Diese Aufgabe erfordert motorisches Geschick, denn die Fenster sollen nicht aufgezeichnet werden.

Die fertigen Häuser können auf einem großen Bogen Papier zusammengestellt werden. Ergänzen Sie die mittelalterliche Stadt, indem die Schüler beispielsweise eine Stadtmauer mit Türmen oder eine Kirche samt Marktplatz basteln und ebenfalls aufkleben.

Mehr Details über das Leben in einer mittelalterlichen Stadt erfahren die Kinder auf der Kopiervorlage Seite 29.

Stockfinster oder sonnenhell?

Anknüpfend an die bildhafte Beschreibung des Schildaer Rathauses in der Lektüre lernen die Kinder auf dieser Seite zusammengesetzte Adjektive kennen. Sie werden aus einem Nomen und einem Adjektiv gebildet und definieren das ursprüngliche Adjektiv dadurch genauer. Die erste Aufgabe können alle Schüler durch Nachlesen im Buch lösen. Lassen Sie die Kinder bei der zweiten Übung zusammenarbeiten oder lösen Sie sie gemeinsam.

Differenzierend suchen leistungsstärkere Kinder weitere Komposita und versuchen diese zu erklären, z. B. butterweich: weich wie Butter. Eine andere Möglichkeit der Weiterarbeit ist die Bildung von ganzen Sätzen mit den zusammengesetzten Wörtern.

Lösung

„In unserm Rathaus ist es dunkel", sagte der Bürgermeister. „Dunkel ist gar kein Ausdruck", brummte der Schmied. „Da drin ist es stockfinster!" Aber nachdem die Schildbürger das Dach abgedeckt hatten, war es darin sonnenhell.

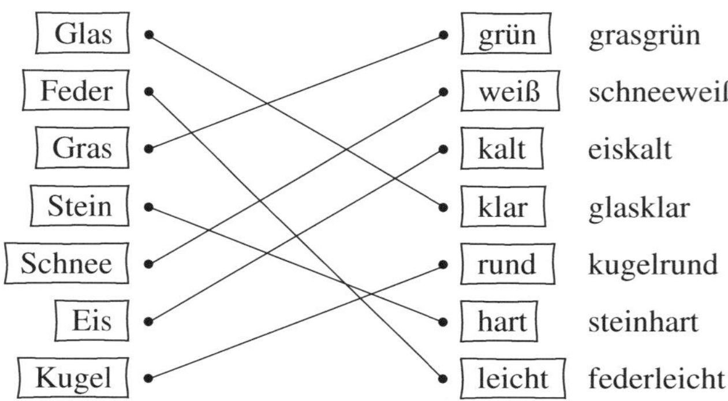

Leben in einer mittelalterlichen Stadt

Die Geschichten über die Schildbürger sind auf die Zeit um 1500 datiert. Dies entspricht dem Spätmittelalter (ca. 1250 bis 1519). Der Text auf der Kopiervorlage schildert kurz das Leben in einer mittelalterlichen Stadt. Die Aufgaben sichern zum einen das Textverständnis, zum anderen spannen sie einen Bogen zur Lebenswirklichkeit der Schüler und fordern zum Vergleichen auf.

Schildapuzzle

Das Arbeitsblatt bietet sich als Vertiefung der vorherigen Kopiervorlage oder als Differenzierung für schnellere Schüler an. Das Zusammensetzen des Puzzles macht den Kindern sicher Spaß und hilft ihnen auf einfache Weise, das Leben in einer mittelalterlichen Stadt zu erfassen. Die Schüler können sich an der Originalzeichnung im Buch (Seite 10/11) orientieren.

Wenn das Puzzle aufgeklebt ist, können zuerst jene Situationen und Auffälligkeiten angemalt und besprochen werden, die es heute in einer Stadt so nicht mehr gibt, z. B. Tiere auf dem Marktplatz, ausschließlicher Fachwerkbau oder Flaschenzug am Hausgiebel.

Berufe – früher und heute

In der Geschichte tauchen einige mittelalterliche Berufsbezeichnungen auf. Erklären Sie den Kindern unbekannte Begriffe. Sprechen Sie mit ihnen darüber, welche Berufe es heute noch in ähnlicher Form, aber meist mit anderen Bezeichnungen gibt (z. B. Schmied: heute Kunstschmied oder Metallbauer; Stadtbaumeister: heute Regierungsassessor oder Regierungsbaumeister).

Überlegen Sie zusammen mit den Schülern, warum es viele Berufe damals noch nicht gab (z. B. Fernfahrer, Pilot: Im Spätmittelalter waren Motorfahrzeuge und Flugzeuge noch nicht erfunden, es gab auch noch keine Elektrizität).

Bei der Angabe ihres derzeitigen Berufswunsches sollten die Kinder erzählen, wie sie sich den Berufsalltag vorstellen, und begründen, warum sie gerade diesen Beruf wählen würden.

Lösung

Bürgermeister, Schweinehirt, Schuhmacher, Bäcker, Stadtbaumeister, Schneidermeister, Schmied

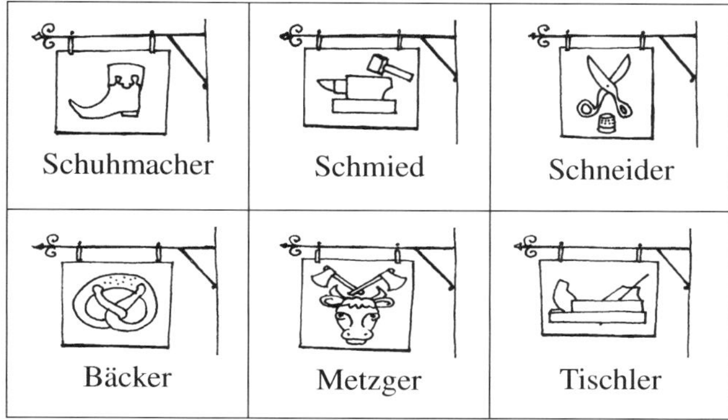

3. Der versalzene Gemeindeacker

Inhalt

Bei den Schildbürgern wird das Salz knapp und die Nachlieferung stockt. So beschließen die Stadträte, „Salzkraut" auf dem Gemeindeacker anzubauen. Schließlich sieht Salz dem Zucker zum Verwechseln ähnlich und Zuckerrüben wachsen auch auf dem Feld. Sie streuen die Hälfte ihres Salzvorrates auf den Acker und schon bald spitzen grüne Pflanzen aus der Erde.

Eine Tierherde aus dem Nachbardorf droht die wertvollen „Salzpflanzen" zu zerstören. Der Schmied möchte die Tiere mit einem Stock vertreiben. Um dabei selbst keine Pflanzen zu zertreten, wird er kurzerhand auf einem Brett sitzend von vier Mitbürgern über das „Salzfeld" getragen.

Das „Salzkraut" wächst und gedeiht und weil es so brennt, scheint es reif zu sein. Doch diese Tatsache wird den Schildbürgern bei der Ernte zum Verhängnis: Das „Kraut" beißt so fürchterlich auf der Haut, dass das Einsammeln unmöglich wird. Schließlich wird der Acker mitsamt dem „Kraut" umgepflügt. Ein vorbeiziehender Bauer stellt fest, dass Brennnesseln schon eine Plage seien.

Gesprächsanlässe

Salz sieht Zucker zum Verwechseln ähnlich, aber beide sind ganz unterschiedlich.

- Wie gewinnt man Salz? (Nutzen Sie zur Beantwortung dieser Frage den Informationstext auf Seite 10 oder lassen Sie die Schüler dazu im Internet recherchieren.)
- Wofür verwendest du Salz?
- Wie entsteht Zucker?
- Wofür brauchst du Zucker?

Die Schildbürger freuen sich, dass ihr „Salzkraut" so gut wächst. 100 Zentner möchten sie ernten.

- Wie viel kg sind ein Zentner? (von lat. „centum": 100. In Deutschland entspricht heute ein Zentner 50 kg, nach der Definition des ehemaligen Zollvereins von 1858: ein Zentner sind 100 Pfund zu je 500 g. In Österreich und in der Schweiz entspricht ein Zentner 100 kg.)
- Wie viel kg Salz hoffen die Schildbürger zu ernten? (In Deutschland: 5 000 kg, in Österreich und der Schweiz: 10 000 kg.)

Ein Bauer aus dem Nachbardorf meint: „Die Brennnesseln sind schon eine Plage."

- Wie sehen Brennnesseln aus?
- Hast du schon einmal eine Brennnessel berührt? Erzähle.
- Wozu kann man Brennnesseln verwenden?

Hinweise zu den Kopiervorlagen

KV Seite 32

Richtig oder falsch?

Die Kopiervorlage wiederholt spielerisch den Inhalt des Kapitels. Leistungsschwächere Kinder dürfen im Buch nachlesen. Das Lösungswort ermöglicht eine Selbstkontrolle.

Lösung

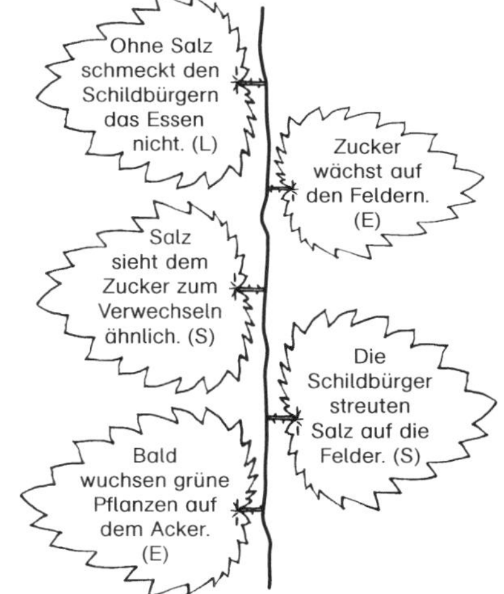

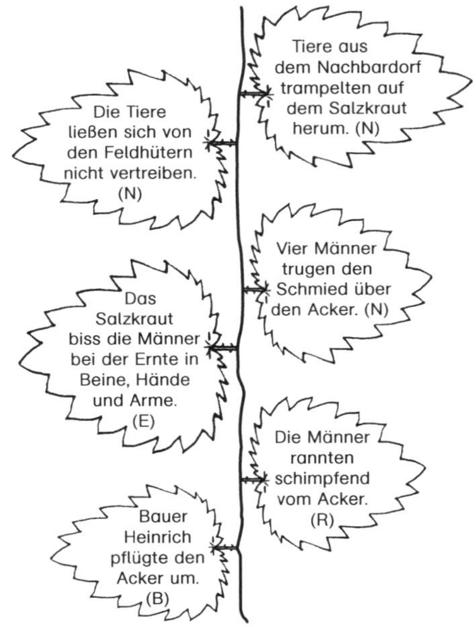

Lösungswort: BRENNNESSEL

Das weiße Gold

Warum ist Salz für die Schildbürger so wichtig? Dies lässt sich für die Schüler leichter nachvollziehen, wenn sie erfahren, wozu Salz früher verwendet wurde. Der Informationstext gibt einen kurzen geschichtlichen Überblick, warum Salz lange Zeit als „weißes Gold“ galt. Aus dem Kontext lässt sich der jeweils fehlende Begriff erschließen, der aus dem Wörterangebot ausgewählt und eingetragen werden soll.

Lösung

Gold, Ägypter, Römer, Sahara, Mittelalter

Weiterführende Anregungen

Um den Kindern zu verdeutlichen, welch hoher Wert dem Salz früher beigemessen wurde, können Sie auch das folgende Sprichwort oder das Zitat verwenden:

„Ohne Gold kann man leben, ohne Salz nicht.“

„Salz ist unter allen Edelsteinen, die uns die Erde schenkt, der kostbarste.“ (Justus v. Liebig)

Lassen Sie die Kinder zum Thema „Salz“ weiter recherchieren.

- Was kostet heute ein Päckchen Salz?
  (500 g Salz kosten etwa 0,20 Euro.)
- Wie viel Salz benötigt der Körper pro Tag?
  (Mindestens 2 bis 3 g pro Tag, je nach körperlicher Anstrengung variiert der empfohlene Wert von 4 bis 8 g. Die meisten Menschen nehmen aber zu viel Salz zu sich.)
- In welchen Lebensmitteln steckt viel Salz?
  (Viel Salz ist in Brot- und Backwaren, Fleisch und Wurst.)

Salz

Das meiste Salz (Natriumchlorid, NaCl) ist in den Meeren gelöst: etwa vierzig Billiarden Tonnen. Das ist unvorstellbar viel. Damit könnte man das gesamte Festland der Erde mit einer 150 m hohen Salzschicht bedecken.

Vor Millionen Jahren schossen Vulkane glühende Lava auf die Erde. So gelangten immer mehr Salze aus dem Erdinneren an die Oberfläche. Es begann zu regnen. Der Regen löste die Salze aus der erkalteten Lava und transportierte sie über Flüsse in das Meer. Heute sind unter anderem noch Vulkane am Meeresboden für die Salzzufuhr verantwortlich, ebenso der Regen auf dem Festland, welcher in Gesteins- und Bodenschichten eindringt und dabei Salz und Kalk mit in die Gewässer schwemmt.

Meersalz gewinnt man, indem Meerwasser in künstlich angelegten großen Becken, sog. Salzgärten oder Salinen, durch Sonne, Wind und Wärme eingetrocknet wird (vgl. Kopiervorlage Seite 35, „Wir züchten Salzkristalle“).

Neben dem Salz im Meer findet sich Kochsalz auch in Salzstöcken unter der Erde.

Außerdem gibt es Salz im Weltraum. Sternschnuppen bringen es auf die Erde. Wissenschaftler vermuten, dass mit Sternschnuppen (Meteoriten) täglich bis zu 300 kg Natrium auf die Erde regnen. Daraus können theoretisch über 750 kg Kochsalz gewonnen werden.

Und auch in uns Menschen steckt Salz, etwa 160 g in den Knochen, in der Haut und in den Zellen.

Je nachdem, wie aktiv ein Mensch ist, schwanken die für den Körper optimalen Salzzufuhrmengen zwischen 4 g und 8 g am Tag. Nur etwa 20 % des täglichen Salzkonsums nimmt man direkt durch salzen und würzen auf, 80 % der Tagesdosis stecken gebunden in Lebensmitteln, allen voran in Brot- und Backwaren, Fleisch und Wurst.

KV Seite 34

Zucker oder Salz?

Woher kommt Salz? Wie entsteht Zucker? Diese Fragen klingen in dem Kapitel an, werden aber nicht beantwortet. Die Kopiervorlage vermittelt wichtige Informationen zur Gewinnung dieser Nahrungsmittel. Die Schüler entscheiden jeweils aus dem Kontext, ob es sich um Salz oder Zucker handelt.

Teilen Sie die Klasse in vier etwa gleich große Gruppen ein, um das Thema zu vertiefen. Jede Gruppe beschäftigt sich mit einem Infotext. Die Kinder notieren wichtige Stichpunkte und recherchieren im Internet oder in Sachbüchern zu ihrem Thema. Auf einem Plakat stellen sie wichtige Informationen zusammen und illustrieren sie mit passenden Zeichnungen. Anschließend präsentiert jede Gruppe ihr Ergebnis in einem kleinen Referat.

Lösung
Salz, Zucker, Salz, Zucker

Wir züchten Salzkristalle

Mit einfachen Mitteln können die Kinder die Salzgewinnung aus dem Meerwasser nachempfinden und zugleich große, farbige Kristalle züchten. Lassen Sie die Schüler in kleinen Gruppen zusammenarbeiten. Bereiten Sie für jede Gruppe die Arbeitsmaterialien vor.

Weiterführende Anregung
Mit Salzteig lassen sich kleine Figuren und Schmuckstücke formen oder Hand- und Fußabdrücke machen. Der Teig ist leicht herzustellen, aber nicht zum Verzehr geeignet.

Man braucht:
- 2 Tassen Mehl
- 1 Tasse Salz
- 1 Tasse Wasser
- 1 TL Öl
- evtl. Wasser- oder Lebensmittelfarben zum Bemalen

So geht's:
1. Alle Zutaten zu einem festen Teig verarbeiten. Ist er zu trocken, noch etwas Wasser hinzufügen.
2. Nun lässt sich jede gewünschte Form daraus kneten, rollen, basteln.
3. Vor dem Backen muss der Teig bei Zimmertemperatur einen Tag lang gut durchtrocknen.
4. Danach den Salzteig im Ofen bei etwa 50 °C ein bis zwei Stunden backen.
5. Wenn die Objekte abgekühlt sind, können sie bunt bemalt werden.

Im Märzen der Bauer

Nachdem sich das „Salzkraut" nicht ernten lässt, pflügt Bauer Heinrich den Acker um. Was bedeutet pflügen? Wer hat schon einmal dabei zugeschaut? Wann sind die Bauern gewöhnlich damit beschäftigt?

Das bekannte Volkslied lässt sich hier anknüpfen. Singen Sie mit den Kindern zunächst die Originalstrophe. Haben die Kinder das Reimmuster (Paarreim) erkannt, können sie die vorgegebenen Reimwörter bei den folgenden Strophen richtig einfügen. Singen Sie auch diese beiden Strophen, die den missglückten Salzanbau der Schildbürger thematisieren.

Lösung
herbei, Geschrei, zeigt, vergeigt
einspannt, instand, nur, erfuhr

4. Sparsame Leute

Inhalt

Die Schildbürger müssen sparen. Daher wollen sie das Gras, das auf der Stadtmauer wächst, an ihren Stadtbullen verfüttern. Aber kein Bauer traut sich auf die hohe Mauer zu klettern, um das Gras zu mähen. Die Schildbürger beschließen deshalb, dem Bullen einen langen Strick um den Hals zu binden und ihn damit an der Mauer hochzuziehen. Das Vorhaben scheitert jedoch: Die Schlaufe zieht sich immer enger zu und der Bulle erstickt. Schnell wird das Tier geschlachtet und ein Festessen veranstaltet, damit der Schaden nicht allzu groß ist.

Gesprächsanlässe

Die Schildbürger beschließen zu sparen.
- Warum wollen die Schildbürger sparsame Leute sein?
- Welchen Vorschlag macht der Metzger, um zu sparen?
- Wie soll das Vorhaben in die Tat umgesetzt werden?
- In welchen Bereichen hätten die Schildbürger sinnvoller sparen können?
- Sparst du auch? Wofür?
- In welchen Bereichen ist es sinnvoll zu sparen? (vgl. sparsamer Umgang mit Wasser, keine Energie verschwenden, z. B. Licht ausmachen, wenn es nicht mehr benötigt wird)

Das Gras soll an den Stadtbullen verfüttert werden.
- Was ist ein Bulle?
- Welche Tiere gibt es noch auf einem Bauernhof?

Hinweise zu den Kopiervorlagen

Sparsame Leute

Besonders Kindern mit Migrationshintergrund fällt es oft schwer, Adjektiven das richtige Suffix zuzuordnen. Darauf zielt diese Kopiervorlage ab: Welche der drei Möglichkeiten ist jeweils die richtige? Lassen Sie leistungsschwächere Schüler bei der ersten Aufgabe mit leistungsstärkeren zusammenarbeiten. Klären Sie gemeinsam die Bedeutung und weisen Sie darauf hin, dass Adjektive kleingeschrieben werden. Die zweite Übung dient als Sicherung und eignet sich als Hausaufgabe.

Lösung

-sam	-ig	-lich	-bar
sparsam	salzig	natürlich	sonderbar
kleidsam	geizig	gefährlich	wunderbar
einsam	lustig	ängstlich	dankbar

Schwierige Ernte

Die Kinder wiederholen den Inhalt des vierten Kapitels, indem sie bei der wörtlichen Rede jeweils den Sprecher ergänzen. Dabei dürfen sie im Buch nachschauen.

Knüpfen Sie an den Dialog an und wiederholen Sie die Zeichensetzung bei der wörtlichen Rede. Lassen Sie die Schüler die Satzzeichen auf der Kopiervorlage farbig markieren. Notieren Sie weitere Redesätze aus der Lektüre ohne Satzzeichen an der Tafel oder auf einer Folie. Die Kinder schreiben die Sätze ab und fügen die Satzzeichen ein. Zur Lösungskontrolle lesen die Schüler im Buch nach.

Sicher macht es den Kindern Spaß, den kleinen Dialog zu spielen. Sieben Schüler übernehmen die Rollen von Metzger, Bürgermeister, Bauer Ludwig, Schweinehirt, Lehrer, Schneidermeister und Bauer Heinrich. Sie lesen den Text mehrmals gut betont mit verteilten Rollen vor. Anschließend setzen sie sich an einem Tisch zusammen und spielen die Szene ihren Klassenkameraden vor.

Lösung

„Das ist ein guter Vorschlag“, lobte der Bürgermeister.
„Sollen wir uns vielleicht die Hälse brechen?“, fragte Bauer Ludwig.
„Wir müssen ein Gerüst bauen“, meinte der Schweinehirt.
„Ein Gerüst wäre viel zu aufwendig“, erwiderte der Bürgermeister.
Der Lehrer fragte: „Wer soll denn das Gras bekommen?“
„Unser Stadtbulle natürlich“, antwortete der Bürgermeister.
„Wenn er schon den Nutzen hat, soll er sich das Gras auch selbst holen“, meinte der Lehrer.
Der Schneidermeister sagte: „Der Vorschlag gefällt mir.“
„Aber wie soll der Bulle auf die Mauer hinaufkommen?“, fragte Bauer Heinrich.
Der Lehrer erklärte: „Wir brauchen einen langen Strick. Ein Ende des Strickes binden wir dem Bullen um den Hals, das andere Ende werfen wir über die Mauer und ziehen den Bullen hoch.“

Bullenspiele

Lassen Sie als Vorbereitung für die Spiele jedes Kind mindestens zwei Bullen basteln. Schnellere Schüler dürfen ihren Klassenkameraden helfen oder weitere Bullen herstellen. Für das erste Spiel im Klassenzimmer braucht jeder einen Papierbullen. Bei diesem Geschicklichkeitsspiel können die Kinder in kleinen Gruppen gegeneinander antreten. Die Gewinner spielen jeweils wieder gegeneinander, bis der Klassensieger feststeht.

Für das Staffelspiel benötigen Sie pro Schüler mindestens zwei Bullen und eine Turnhalle mit Sprossenwänden. Teilen Sie die Klasse in kleine Gruppen ein und lassen Sie sie immer wieder gegeneinander antreten, bis die Siegerstaffel ermittelt ist. Alternativ können Sie dieses Spiel auch in ein Zirkeltraining integrieren: Die Kinder notieren, wie viele Bullen sie in einer vorgegebenen Zeit von der Sprossenwand geholt haben. Weitere Spielideen finden Sie auf den Kopiervorlagen Seite 55/56.

5. Wer kann am besten reimen?

Inhalt

Der Kaiser hat seinen Besuch in Schilda angekündigt. Er möchte, dass ihm seine Untertanen „halb geritten, halb gegangen“ entgegenkommen. Außerdem wünscht er, in Reimform begrüßt zu werden. Wenn die Schildbürger beide Bedingungen erfüllen, wird Schilda zur freien Reichsstadt und die Bürger müssen keine Steuern mehr zahlen.

Das Dichten überfordert den Bürgermeister und bringt ihn um den Verstand. Schnell muss Ersatz gefunden werden. Die Schildbürger beschließen, dass derjenige neuer Bürgermeister werden soll, der am besten reimen kann. Ein fieberhafter Wettbewerb beginnt, bei dem die Reime ganz schön durcheinandergeraten. Mithilfe seiner Frau gewinnt der Schweinehirt schließlich den Reimwettbewerb und wird so Bürgermeister.

Gesprächsanlässe

Der Kaiser beschließt, nach Schilda zu reisen.

- Warum will er die Stadt besuchen?
- Hast du schon einmal einen Kaiser/eine Kaiserin oder einen König/eine Königin in einem Buch, einer Zeitung, einer Zeitschrift oder im Fernsehen gesehen?
- In welchen Ländern gibt es heute noch eine Kaiser- oder Königsfamilie?

Die Schildbürger brauchen einen neuen Bürgermeister.

- Was passierte mit dem alten Bürgermeister?
- Wer soll in Schilda neuer Bürgermeister werden?
- Wie kommt heute ein Bürgermeister normalerweise zu seinem Amt?
- Wer ist in deiner Gemeinde/Stadt Bürgermeister?
- Was macht ein Bürgermeister?

Der Schweinehirt verspricht seiner Frau eine Belohnung für einen guten Reim.

- Was soll sie bekommen?
- Welche Belohnung würdest du dir wünschen?
- Wofür wirst du belohnt? Was bekommst du?

Hinweise zu den Kopiervorlagen

Die Nachricht des Boten

Die Schüler entnehmen der Botschaft des Kaisers gezielt Informationen und beantworten Fragen dazu. Lesen Sie mit leistungsschwächeren Kindern den Text gemeinsam. Gehen Sie die Fragen einzeln durch. Die Schüler unterstreichen jeweils eine Frage und die dazu passende Antwort mit derselben Farbe. Anschließend können sie die Antworten selbstständig formulieren.

Die zweite Aufgabe dient als Differenzierung für schnellere und leistungsstärkere Kinder. Um einen kleinen Vers zu dichten, können sie auf die Reimwörter der Schildbürger im Buch zurückgreifen. Außerdem können Sie ihnen die Reimwörter von der Kopiervorlage auf Seite 43 zur Verfügung stellen. Geben Sie den Schülern die Möglichkeit, spielerisch mit Sprache umzugehen. Vielleicht möchten Sie auch Unsinnsätze zulassen.

Lösung

Der Kaiser kommt zu Besuch.
Er kommt heute in 14 Tagen.
1. Er möchte, dass ihm die Schildbürger halb geritten, halb gegangen entgegenkommen.
2. Er wünscht, dass sich die Antwort auf seine Begrüßungsworte reimt.
Der Kaiser wird Schilda zur freien Reichsstadt machen und den Bürgern die Steuern erlassen.

Wer findet das richtige Reimwort?

Die Kopiervorlage knüpft an die missglückten Reime der Schildbürger an. Vielleicht können einige Schüler schon beim Vorlesen die richtigen Wörter einsetzen. Den Reim des Schweinehirten können sie im Buch nachschlagen (Seite 46), weil ihn seine Frau richtig aufsagt. Lassen Sie die Kinder nach dem Bearbeiten der Aufgabe die Verse vortragen. Leistungsstärkere Schüler können auch eigene Reime dichten, mit denen sie sich kurz vorstellen.

Erklären Sie bei Bedarf das Wort „Schultheiß“. Es ist ein altertümlicher Begriff für „Gemeindevorsteher“ und steht in der Lektüre für „Bürgermeister“.

Lösung
Der Meister Schmied bin ich genannt,
den Hammer schwing ich in der Hand.

Ich bin ein rechtschaffener Bauer
und lehne meinen Spieß an die Mauer.

Ich heiße Meister Hildebrand
und lehne meinen Spieß wohl an die Wand.

Ihr Herrn, ich möcht gern Schultheiß sein,
darum bin ich zu Euch gekommen hierein.

Ihr lieben Herrn, ich tret herein,
meine Hausfrau heißt Kathrein,
ist schöner als mein schönstes Schwein
und trinkt gern guten, kühlen Wein.

KV Seite 43

Lauter Reime
Reime fördern das Sprachgefühl und können im Sinne der Analogiebildung für die Rechtschreibung hilfreich sein. Setzen Sie diese Kopiervorlage für Schüler ein, denen die Reimbildung schwerfällt. Zwei Wörter reimen sich, wenn sie ab dem letzten betonten Vokal gleich klingen. Geben Sie den Kindern als Hilfestellung folgenden vereinfachten Merksatz: Zwei Wörter reimen sich, wenn sie am Ende gleich klingen.

Bei der ersten Übung können die Schüler vielleicht schon durch halblautes Lesen erkennen, welches Verb nicht in die Reihe passt. Als Hilfe können sie jeweils den gleich klingenden Teil der Wörter unterstreichen.

Weisen Sie die Kinder bei der zweiten Aufgabe darauf hin, dass die Anzahl der Reimwörter jeweils unterschiedlich ist.

Lösung
Folgende Wörter reimen sich nicht und müssen durchgestrichen werden:
mampfen
stehen
stehlen
knallen
sprinten
singen

Ball – Stall
Schaum – Raum – Traum – Saum – kaum
Nase – Hase – Vase
dein – mein – Schwein – sein – fein
Licht – Wicht – nicht – Sicht
Schimmel – Himmel

6. Der Kaiser kommt

Inhalt

Nachdem die Schildbürger einen neuen Bürgermeister gefunden haben, der reimen kann, bereitet ihnen die zweite Forderung noch Kopfzerbrechen: Wie sollen sie dem Kaiser „halb geritten und halb gegangen“ entgegengehen? Schließlich wird der Vorschlag des Bürgermeisters in die Tat umgesetzt: Am festgelegten Tag reiten bzw. gehen sie dem Kaiser auf Steckenpferden entgegen.

Bei der gereimten Begrüßung bedarf es mehrerer Anläufe, weil der Kaiser zunächst nicht wie vom Bürgermeister angenommen antwortet. Aber die Bedingungen werden erfüllt. Der Kaiser ist von der Dummheit seiner Untertanen überzeugt, erlässt ihnen aus Mitleid die Steuern und erklärt Schilda zur freien Reichsstadt. Die Schildbürger feiern für ihren Kaiser ein großes Fest.

Gesprächsanlässe

Der Kaiser möchte, dass ihm die Schildbürger „halb geritten und halb gegangen“ entgegengehen.

- Welche Vorschläge werden gemacht, um diese Bedingung zu erfüllen?
- Welche Idee findest du am besten?
- Welchen Vorschlag kannst du machen, um die Bedingung zu erfüllen? (Wer ein Pferd besitzt, soll ihm entgegenreiten, die anderen sollen ihm entgegengehen.)

Jeder Schildbürger gibt beim Schreiner ein Steckenpferd in Auftrag, um dem Kaiser am festgelegten Tag entgegenreiten zu können.

- Kennst du noch eine andere Bedeutung des Begriffs „Steckenpferd“? (Hobby; etwas, das man sehr gerne macht und gut kann)
- Was ist dein „Steckenpferd“?

Hinweise zu den Kopiervorlagen

Wie begrüßt man einen Kaiser?

Der Bürgermeister hat seinen Willkommensreim gut eingeübt. Trotzdem läuft nicht alles nach Plan, weil der Kaiser nicht wie erwartet antwortet. Auf der Kopiervorlage wiederholen die Schüler das Gespräch und finden alternative Reime. Anschließend dürfen sie selbst kreativ mit Sprache umgehen und neue Reime formulieren.

Lösung

„Herr Kaiser, seid uns willkommen!"
„Wo kein Feuer brennt, ist kein Rauch."

„Hab Dank, mein lieber Bürgermeister, hab Dank!"
z. B.: „Kommt mit uns zu Speis und Trank!"

Viele Steckenpferde

Die Schüler müssen die abgebildeten Steckenpferde ganz genau anschauen, um die identischen Zeichnungen zu finden. Solche Konzentrationsübungen machen den meisten Kindern viel Spaß. Anschließend dürfen sie das abgebildete Steckenpferd individuell gestalten. Sie können es nicht nur ausmalen, sondern auch mit verschiedenen Materialien bekleben, z. B. mit Geschenkbändern oder Wollfäden.

Sprechen Sie mit den Schülern über die übertragene Bedeutung des Begriffes „Steckenpferd" (vgl. Gesprächsanlässe). Jeder darf neben dem Bild aufschreiben, was sein persönliches Steckenpferd ist.

Lösung

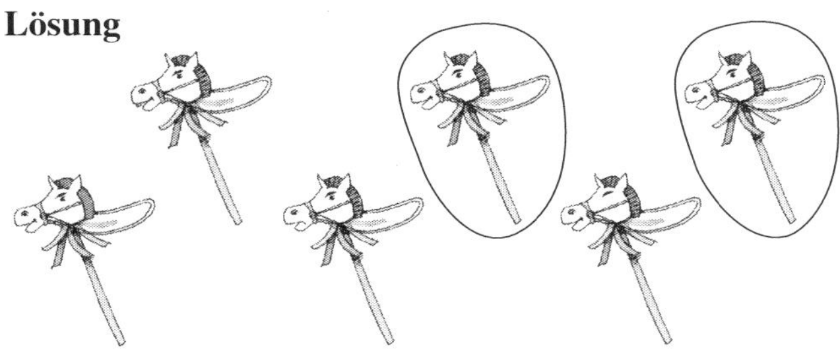

Schildaspiel

Das Spiel greift die fieberhafte Reimsuche der Schildbürger auf und verbindet sie mit kleinen Bewegungsaufgaben passend zu den Schildbürgergeschichten. Kopieren Sie die beiden Seiten des Spielplans und kleben Sie sie an den Linien zusammen. Die Karten werden ebenfalls kopiert, laminiert und ausgeschnitten. Die Blankokärtchen füllen die Schüler selbst mit Reimen und Bewegungsaufgaben. Alternativ bereiten Sie die Kärtchen vor. Die Karten werden gemischt und verdeckt auf die entsprechenden Felder des Spielplans gelegt.

Das Spiel funktioniert analog dem englischen „Snakes & Ladders": Alle Spielfiguren stehen auf dem Startfeld, je nach Augenzahl des Würfels wird gelaufen und zwar immer eine waagrechte Reihe entlang und dann in der umgekehrten Richtung die nächste Reihe. Landet ein Spieler auf einem Steckenpferd-Feld, darf er nach oben klettern, bei einem Brennnessel-Feld rutscht er nach unten.

Kommt ein Spieler auf ein Schildbürger-Feld, darf er eine Reimkarte ziehen. Legen Sie vor Spielbeginn fest, wie die Aufgabe zu lösen ist. Sprachlich starke Kinder sollen mithilfe der beiden Reimwörter (z. B. klein – fein) einen kleinen Vers dichten, z. B.: Ich bin klein, die Suppe ist fein. Geben Sie bei leistungsschwächeren Kindern die Regel vor, dass zu den beiden vorhandenen Reimwörtern ein weiteres gefunden werden muss, z. B. klein – fein – mein. Wer die Aufgabe gelöst hat, darf zwei Felder vorrücken. Die Bewegungsaufgaben lockern das Spiel auf und machen den Kindern bestimmt Spaß.

7. Der Maushund

Inhalt

In Schilda gibt es eine Mäuseplage. Eines Tages kommt ein Wanderer mit seiner Katze vorbei. Da er schnell merkt, dass die Schildbürger noch nie eine Katze gesehen haben, preist er das Tier als Maushund an. Die Schildbürger lassen sich davon überzeugen, dass dieses Tier sie von der Mäuseplage befreien kann, und kaufen es für viel Geld.

Doch ein Missverständnis führt zu der Annahme, dass der Maushund nach den Mäusen auch Tiere und Menschen fressen wird. Verzweifelt versuchen die Schildbürger die Katze zu fangen. Als dies misslingt, brennen sie ihr Rathaus nieder und schließlich die ganze Stadt. Die Katze überlebt die Feuersbrunst. Aus Angst vor dem Tier suchen sich alle Schildbürger eine neue Heimat.

Gesprächsanlässe

Der Fremde bekommt für seinen „Maushund" viel Geld.

- Mit welcher Währung wurde damals bezahlt?
- Kennst du andere Währungen, die es früher gab? (z. B. D-Mark)
- Welche Währungen aus anderen Ländern kennst du?

Der Fremde ruft den Schildbürgern nach, womit das Tier zu füttern ist.

- Was ruft der Fremde?
- Was verstehen die Schildbürger?
- Welche schrecklichen Konsequenzen hat dieses Missverständnis?
- In welcher Situation hast du selbst schon einmal jemanden missverstanden? Erzähle.

Das Wort „beut" ist altertümlich und daher schwer zu verstehen.

- Was bedeutet das Wort?
- Wodurch wird es im Buch erklärt?
- Wozu benutzt man Fußnoten noch?
- Wo kannst du die Bedeutung eines unbekannten Wortes nachschlagen?

Hinweise zu den Kopiervorlagen

Das Ende der Geschichte

Die Kopiervorlage überprüft die Textkenntnis. Immer ein Satz aus einer Dreiergruppe ist richtig. Wenn die Kinder unsicher sind, dürfen sie vor dem Ankreuzen im Buch nachlesen.

Lösung

1. Die Schildbürger hatten noch nie eine Katze gesehen.
2. Als der Fremde die Katze loslässt, erlegt sie viele Mäuse.
3. Der Fremde sagt: „Maushunde sind sehr selten. Und eigentlich ist meiner unverkäuflich."
4. Der Bürgermeister holt das Geld aus der Stadtkasse und kauft den Maushund.
5. Der Schildbürger ruft: „Wenn es bei uns keine Mäuse mehr gibt, wird der Maushund erst unser Vieh und dann uns selber fressen!"
6. Als die Schildbürger die Katze jagen, flüchtet sie ängstlich ins Rathaus.
7. Die Schildbürger zünden ihre Stadt an, weil sie Angst vor dem Maushund haben.

Der Maushund

Anknüpfend an die Bezeichnung „Maushund" in der Geschichte setzen die Schüler zunächst Nomen zu Tiernamen zusammen. Da die Tiere bekannt sind, können die Kinder die Aufgabe selbstständig lösen. Bei der zweiten Übung dürfen sie selbst kreativ werden und Namen für Tiere erfinden, z. B. Schwimmvogel.

Lösung

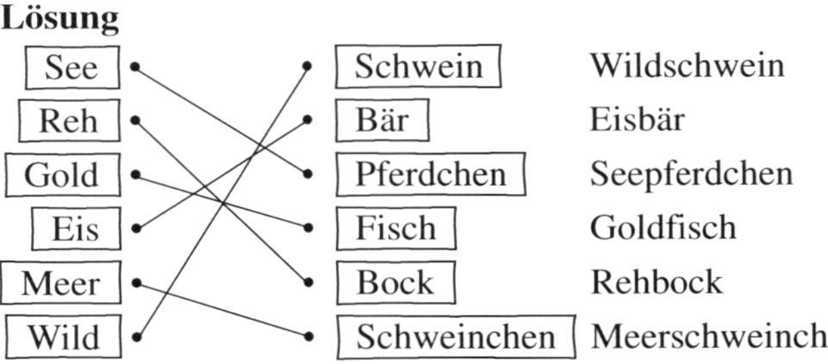

KV
Seite
52

Auf Mäusejagd

Sicher haben die Schüler Spaß daran, mit dem Maushund einen Weg durch das Labyrinth zu suchen. Zuerst bahnen sie sich im Sinne der Kopfgeometrie nur mit den Augen einen Weg, dann dürfen sie mit verschiedenen Farben Wege zu den Mäusen einzeichnen.

Lösung

Es sind 13 Mäuse.

Nach der Lektüre

Hinweise zu den Kopiervorlagen

KV Seite 53

Kreuz und quer durchs Buch

Die Seite animiert die Kinder, sich zum Abschluss der Lektüre noch einmal intensiv mit dem Buch zu beschäftigen. Die Fragen beziehen sich nicht nur auf die Textkenntnis – auch die Illustrationen sollen die Schüler ganz genau anschauen.

Sie überprüfen anschließend ihre Antworten mit ihrem Nachbarn. Für jede richtige Antwort gibt es einen Punkt. Anhand der folgenden Auswertung können die Kinder ihren Leseerfolg beurteilen:

9–10 Punkte: Prima, du hast das Buch sehr genau gelesen!
7–8 Punkte: Du hast das Buch gut gelesen.
5–6 Punkte: Lies das Buch etwas genauer.
0–4 Punkte: Lies das Buch noch einmal aufmerksam!

Besonders motivierte Kinder überlegen sich selbst eigene Fragen zum Buch und stellen diese ihren Mitschülern.

Lösung

1. vor mehr als fünfhundert Jahren
2. dreieckig
3. vier
4. Eimer
5. Salzkraut
6. sechs Männer
7. Schweinehirt
8. Sie haben seine Bedingungen erfüllt.
9. Rathaus
10. Taube

Deine Meinung ist gefragt!

Die Kinder sollen ihre persönliche Meinung zu dem Buch nicht nur formulieren, sondern auch begründen. Diskutieren Sie anschließend mit den Schülern über ihre Buchbewertung.

Schildbürgerspiele

Die Schildbürgerstreiche werden als Sportspiele aufgegriffen, in denen die Kinder ihre Geschicklichkeit unter Beweis stellen können. Bauen Sie anhand der Karten die Stationen mit den Schülern zusammen auf und erklären Sie die Spiele. Sie können entweder ein Zirkeltraining durchführen oder die Kinder an den einzelnen Stationen gegeneinander antreten lassen.

Bei großen Klassen können Sie die Anzahl der Stationen durch das Spiel „Bullenrettung" (Seite 40) oder folgende Ideen erweitern:

- **Über der Stadtmauer**
  Falls im Vorfeld die kleinen Bullen mit Wickelband erstellt wurden (vgl. Seite 39/40), kann die Schnur verlängert werden. Über eine Sprosse an der Sprossenwand wird sie im Zweierwettbewerb aufgewickelt. Wer ist schneller?

- **Die Grasernte**
  Das Gras auf der Stadtmauer ist noch immer nicht geerntet. Kleben Sie jeweils auf die letzte Sprosse der Sprossenwand viele kleine, grüne Klebezettel (Postits). Die Schüler klettern hoch und „ernten" jeweils einen „Grashalm". Sieger ist, wer in einer vorgegebenen Zeit die meisten Grashalme abgeerntet hat.

Lesebegleitheft
von

zu

Die Schildbürger

Name:

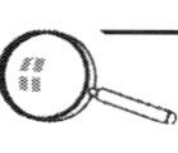

lesen **schreiben** Spracharbeit rätseln malen/basteln forschen

Warum sich die Schildbürger dumm stellten

Lies das erste Kapitel genau. Ergänze die Sätze.

Die Schildbürger galten als

Aber früher waren sie

Sie waren so klug, dass selbst Kaiser und Könige Boten schickten, um

Viele Schildbürger verließen die Stadt, weil

Obwohl sie Geld nach Hause schickten,

Denn nun blieb alle Arbeit

Irgendwann wurde es den Frauen zu dumm und

Als die Männer zurückkamen, sahen sie

Die Lösung für dieses Problem hatte

Schuld an diesem Unheil war seiner Meinung nach

Um wieder in Ruhe leben zu können,

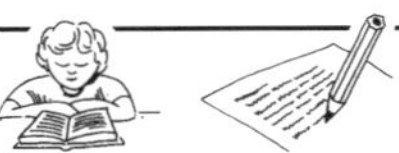

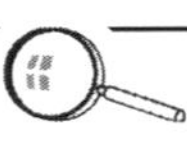

Name:

lesen schreiben **Spracharbeit** rätseln **malen/basteln** forschen

Guter Rat

In welchen Wörtern findest du den Wortstamm „Rat / rat“? Übermale ihn.

Vor langer Zeit lebten in Schilda die klügsten Menschen der ganzen Welt. Von überall her kamen Leute nach Schilda, um sich Rat zu holen. Selbst Kaiser und Könige aus fernen Ländern schickten Boten, wenn sie in einer schwierigen Frage beraten werden wollten. Und weil die Ratschläge immer gut waren, wünschten sich die Herrscher vieler Länder einen Schildbürger als Berater an ihren Hof. Sie lockten mit prächtigen Geschenken, um die Männer als Ratgeber zu gewinnen.

**Welche Wörter gehören zur gleichen Wortfamilie?
Kreise den Wortstamm mit derselben Farbe ein.
Drei Wörter lassen sich nicht zuordnen. Streiche sie durch.**

gehen Geheimnis Backblech Wohnmobil Spieler

Wohnung aufbacken Gehsteig sehen

Gehweg abspielen bewohnen Bäcker Spiegel

Wohnort Gebäck verspielt wohnlich

backen begehen Spielzeug gebacken Zwieback

spielerisch Bewohner begehbar Backofen spielen

Brettspiel weggehen zuspielen Anwohner wohnen

Name:

 lesen  **schreiben** **Spracharbeit** rätseln  malen/basteln 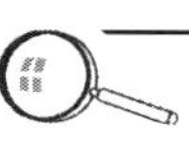 forschen

Was die Frauen alles tun mussten

Die Männer schickten zwar Geld nach Hause, aber trotzdem ging es mit Schilda bergab. Denn nun blieb alle Arbeit an den Frauen hängen.

Was mussten die Frauen in Schilda alles machen?
Unterstreiche die Verben.

Sie mussten die Felder pflügen, mussten säen und ernten.

Sie mussten das Getreide mahlen und das Brot backen.

Sie mussten Gemüse und Obst auf dem Markt verkaufen.

Sie mussten das Vieh versorgen, die Häuser reparieren und natürlich auch noch die Kinder erziehen und unterrichten.

Ergänze die Verben in den verschiedenen Personalformen.

Grundform	1. Person Einzahl	1. Person Mehrzahl
müssen	ich muss	wir müssen
pflügen		
	ich säe	
		wir ernten
		wir mahlen
backen		
	ich verkaufe	
versorgen		
		wir reparieren
erziehen		
	ich unterrichte	

Name:

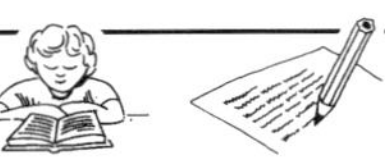

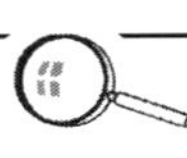

Irgendwann wurde es ihnen zu dumm

Die ganze Arbeit konnten selbst die fleißigsten Frauen nicht schaffen. Vor lauter Arbeit und Sorgen wurden ihre Rücken krumm und schon Frauen im besten Alter kamen daher wie alte Weiber. Irgendwann wurde es ihnen zu dumm. Sie setzten sich zusammen und schrieben ihren Männern wütende Briefe, in denen sie ihre Not schilderten.

Schreibe einen solchen Wutbrief.

- Beschreibe, was die Frauen alles machen müssen.
- Schildere, wie es in Schilda zugeht.
- Fordere die Männer auf, nach Hause zu kommen.

Name:

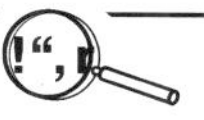

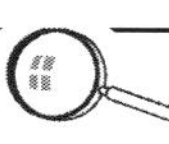

lesen **schreiben** Spracharbeit rätseln malen/basteln **forschen**

Der Schiefe Turm von Pisa

Der Stadtbaumeister von Schilda hat beim Bau des Schiefen Turms von Pisa mitgearbeitet.

Lies den Text. Unterstreiche wichtige Informationen.

Der Schiefe Turm von Pisa ist weltberühmt. Er war als freistehender Glockenturm für den Dom von Pisa geplant. Im Jahr 1173 wurde mit dem Bau begonnen. Ursprünglich sollte der Turm 100 Meter hoch werden. Als nach einigen Jahren die ersten drei Stockwerke fertig waren, gab der Boden unter dem Fundament nach. Das Gebäude neigte sich, weil es für den sandigen Untergrund zu schwer wurde. Der Bau wurde daher für ungefähr 100 Jahre unterbrochen. Dann baute man die nächsten vier Stockwerke schräg, damit der Turm sich nicht noch stärker neigte. Schließlich wurde der Turm im Jahr 1372 fertiggestellt. Allerdings wurde er nur 54 Meter hoch.

Ab 1990 wurde der Turm für Besuchergruppen gesperrt. Die Schräglage war zu gefährlich geworden. Viele Jahre versuchte man, den Turm zu stabilisieren. Seit 2001 kann man wieder hinaufsteigen.

Beantworte die Fragen zum Text.

Wann wurde mit dem Bau begonnen?

Wie hoch sollte der Turm ursprünglich werden?

Warum neigte sich das Gebäude?

Wie hoch ist der Schiefe Turm von Pisa?

Name:

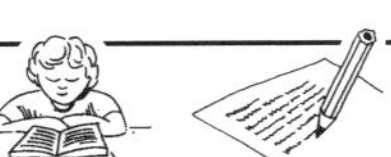

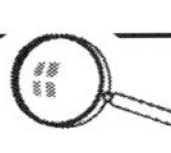

lesen **schreiben** Spracharbeit rätseln malen/basteln **forschen**

Höhenvergleich

Welches Gebäude ist am höchsten? Male den Zettel an.

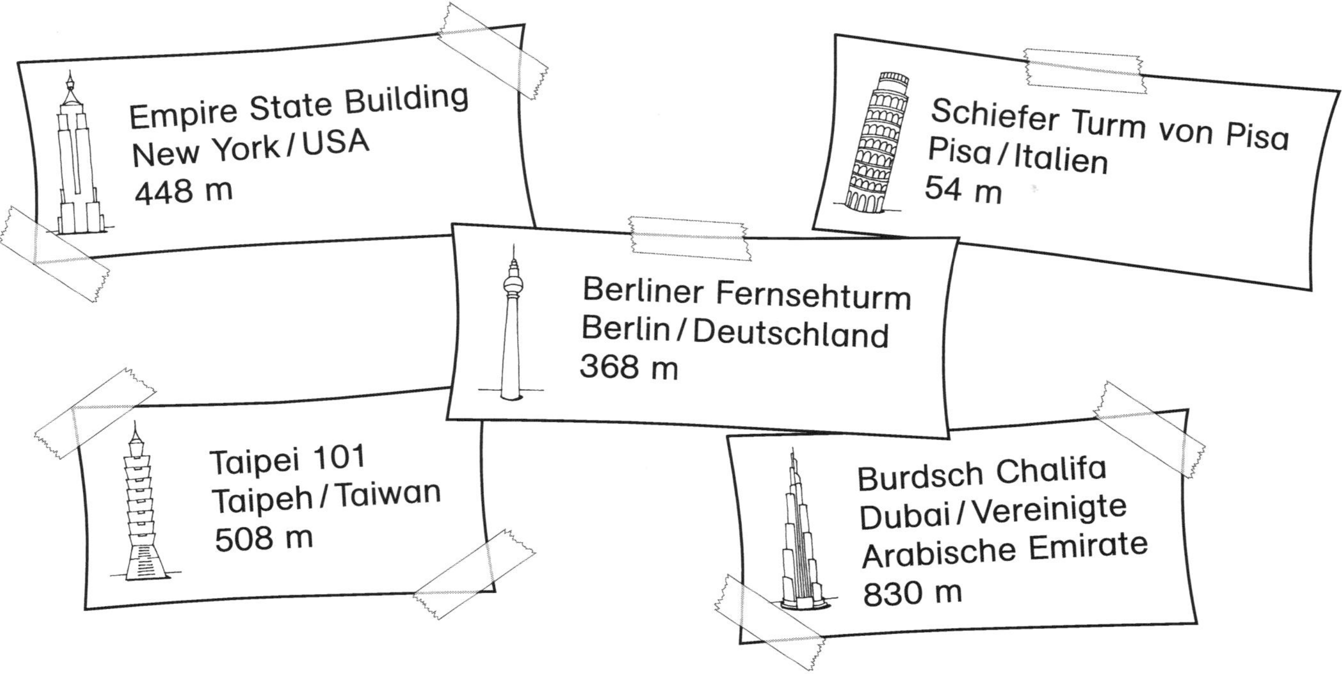

Ordne die Türme ihrer Höhe nach. Beginne mit dem größten Gebäude.

Gebäude	Höhe

Zeichne die Gebäude maßstabsgetreu auf ein kariertes Blatt.
1 cm soll 100 m Höhe entsprechen.

Wer klug tut

„Wer klug tut, wird davon noch lange nicht klug“, warnt der Lehrer die Schildbürger. „Aber wer sich lange genug dumm stellt, wird eines Tages höchstwahrscheinlich wirklich dumm.“

Zur Klugheit und Dummheit gibt es viele Sprichwörter. Setze jeweils das passende Wort ein.

Gegenteil Aufstehen Einschlafen

Der Vorteil der Klugheit besteht darin, dass man sich dumm stellen kann. Das ________ ist schwieriger.

ab auf nach

Der Klügere gibt ________.

Geschenke Pillen Bonbons

Dumm bleibt dumm, da helfen keine ________.

Strafe Belohnung Feinden

Dummheit schützt vor ________ nicht.

Monat Fehler Tag

Am Abend ist man klug für den vergangenen ________, doch niemals klug genug für den, der kommen mag.

Berg Fehler Weg

Jeder ________ erscheint unglaublich dumm, wenn andere ihn begehen.

Kreise ein Sprichwort farbig ein. Erkläre es.

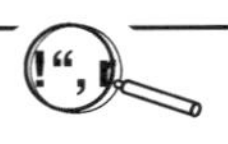

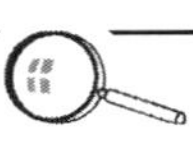

Name:

lesen schreiben Spracharbeit rätseln **malen/basteln** forschen

So ein Durcheinander!

Die Sätze sind durcheinandergeraten. Schneide sie aus und klebe sie in der richtigen Reihenfolge auf. Die Buchstaben ergeben einen Lösungssatz.

Zuerst schlugen sie im Stadtwald Bauholz. (i)

Die Schildbürger trugen das Bauholz auch den Berg hinunter. (F)

Zufällig merkten sie, dass die Baumstämme von allein hinunterrollten. (e)

Das Rathaus war dann sehr schnell gebaut. (s)

Auf dem Weg in die Stadt mussten sie das Holz einen Berg hochtragen. (e)

So trugen sie alle Stämme wieder hinauf, um sie dann hinunterrollen zu lassen. (n)

Im Rathaus war es stockfinster. (e)

Als sie das Rathaus betraten, stolperten sie rückwärts wieder hinaus. (t)

Sie leerten die Eimer und Fässer im Rathaus aus. (f)

Die Schildbürger sammelten das Sonnenlicht in Eimern und Fässern. (r)

So wurde das Dach wieder zugemacht. (e)

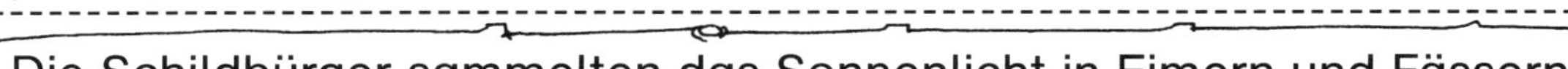

Im Rathaus war es immer noch stockfinster. (e)

Ein Wanderbursche gab ihnen den Rat, das Dach abzudecken. (h)

Im Rathaus war es nun hell, aber es regnete hinein. (l)

Das Rathaus ohne Fenster war bald auf der ganzen Welt bekannt. (n.)

Die Schildbürger wollten ein dreieckiges Rathaus bauen. (D)

Das Rathaus von Schilda

Bastle ein dreieckiges Rathaus.

Du brauchst:

- Buntstifte
- Schere
- Klebstoff

So geht's:

1. Male die Vorlage an.
2. Schneide sie aus.
3. Knicke die Wände, die Dachseiten und die grauen Klebeflächen um.
4. Bestreiche die grauen Klebeflächen mit Klebestift.
5. Klebe die Vorlage zu einem dreieckigen Rathaus zusammen.
6. Bringe Licht ins Innere des Rathauses.

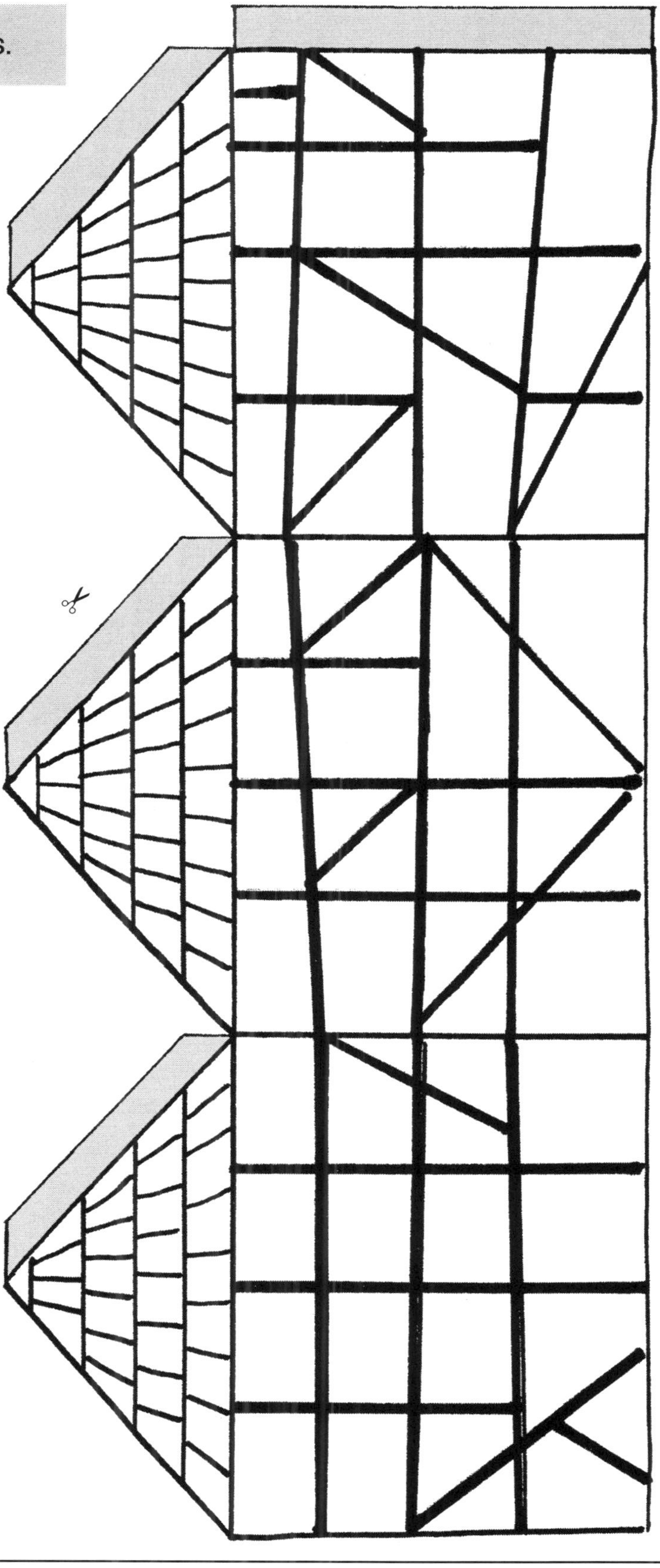

Stockfinster oder sonnenhell?

Adjektive können beschreiben, wie etwas ist. Wenn man sie mit anderen Wörtern zusammensetzt, wird oft besonders deutlich, was gemeint ist. Zusammengesetzte Adjektive schreibt man klein und zusammen.

Wie ist es im neuen Rathaus von Schilda? Setze die richtigen Adjektive ein.

„In unserm Rathaus ist es __________“, sagte der Bürgermeister.

„Dunkel ist gar kein Ausdruck“, brummte der Schmied. „Da drin ist es

__________!“ Aber nachdem die Schildbürger das Dach

abgedeckt hatten, war es darin __________.

Verbinde die Nomen und Adjektive zu zusammengesetzten Adjektiven. Schreibe sie auf.

Nomen	Adjektiv	
Glas	grün	__________
Feder	weiß	__________
Gras	kalt	__________
Stein	klar	glasklar
Schnee	rund	__________
Eis	hart	__________
Kugel	leicht	__________

Name:

lesen schreiben Spracharbeit rätseln malen/basteln forschen

Leben in einer mittelalterlichen Stadt

Lies den Text.

Zu einer mittelalterlichen Stadt gehörten eine Kirche und ein Marktplatz, Händler und Handwerker. Um die Stadt und ihre Bewohner vor feindlichen Übergriffen zu schützen, wurde sie mit einer Mauer umschlossen. Diese Stadtmauer hatte mehrere bewachte Zugänge. Die Stadtwache kontrollierte Ein- und Ausreisende.

Innerhalb der Mauer gab es Häuser aus Holz und Stroh, sogenannte Fachwerkhäuser. Nur reiche Leute und Adlige konnten sich Häuser aus Stein leisten.

Beim Bau ihrer Häuser galten für einige Handwerker Vorschriften. So durfte ein Schmied nur außerhalb der Innenstadt arbeiten, da sein Heizofen eine große Brandgefahr für die Strohhäuser darstellte. Andere Handwerker, wie z. B. die Gerber und Färber, mussten sich einen Platz suchen, wo es fließendes Wasser gab.

Viele Städte wuchsen schnell. Dadurch wurde der Platz in der Stadt immer weniger, die Gassen wurden immer enger. Dazu kamen noch die Bauern, die ihre Tiere durch die Gassen auf den Markt trieben. Weil es keine Kanalisation gab, erstickten die Straßen im Dreck. Durch die Enge verbreiteten sich viele Krankheiten sehr schnell.

Bearbeite die Aufgaben und beantworte die Fragen.

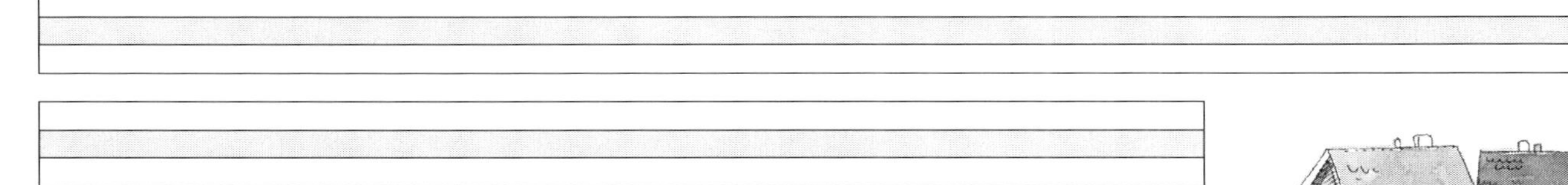

- Verstehst du alles? Unterstreiche Wörter, die dir unbekannt sind. Klärt in der Klasse, was damit gemeint ist.
- Welche Unterschiede gibt es zu dem Ort, in dem ihr lebt? Sprecht darüber in der Klasse.
- Hättest du damals, vor 500 Jahren, leben wollen? Begründe deine Antwort.

- Gibt es eine im Mittelalter entstandene Stadt in deiner Nähe? Welche?

Schildapuzzle

Setze das Bild der Stadt Schilda richtig zusammen. Male es an.

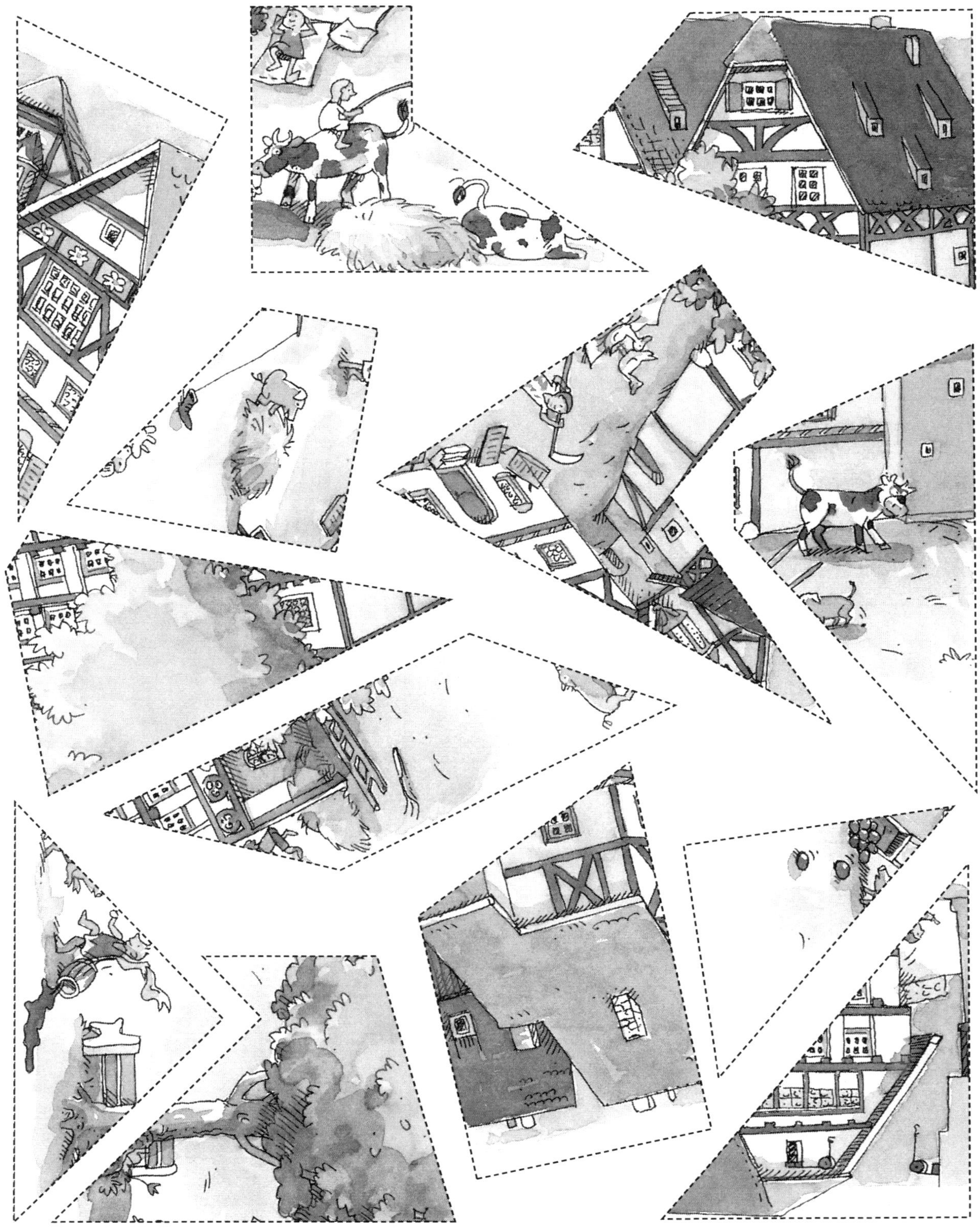

✂

Name:

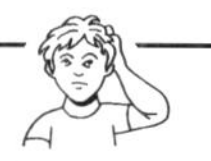

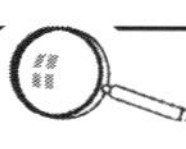

lesen **schreiben** Spracharbeit rätseln malen/basteln **forschen**

Berufe – früher und heute

Welche Berufe gab es im Mittelalter schon? Kreise sie ein.

Bürgermeister Elektriker Schweinehirt Pilot

Schuhmacher Fernfahrer Bäcker Stadtbaumeister

Journalist Schneidermeister Schmied

Im Mittelalter konnten viele Menschen nicht lesen. Daher hing an jedem Haus ein Schild, auf dem man sehen konnte, welcher Handwerker darin wohnte. Verbinde die Schilder mit den passenden Berufen.

Schuhmacher •

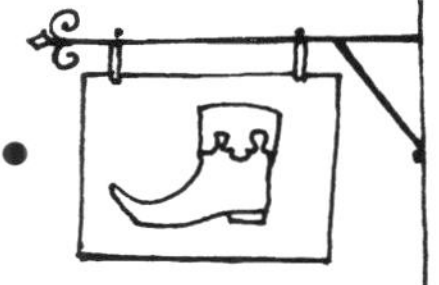

Schmied •

Schneider •

Bäcker •

Metzger •

Tischler •

Was möchtest du später einmal werden? Warum?

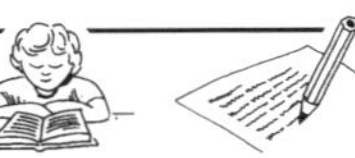

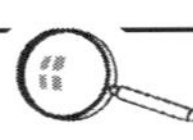

Name:

lesen schreiben Spracharbeit rätseln **malen/basteln** forschen

Richtig oder falsch?

Tipp:
Die Buchstaben ergeben von unten nach oben gelesen ein Lösungswort.

Welche Sätze sind richtig? Male die Blätter grün an und schneide sie aus. Zeichne einen grünen Stängel in dein Heft und klebe die Blätter in der richtigen Reihenfolge abwechselnd links und rechts daneben.

Tiere aus dem Nachbardorf trampelten auf dem Salzkraut herum. (N)

Vier Männer trugen den Schmied über den Acker. (N)

Die Schildbürger streuten Zucker auf die Felder. (K)

Ohne Salz schmeckt den Schildbürgern das Essen nicht. (L)

Salz sieht dem Zucker zum Verwechseln ähnlich. (S)

Salz schmeckt fast genauso wie Zucker. (F)

Bald wuchsen grüne Pflanzen auf dem Acker. (E)

Die Tiere ließen sich von den Feldhütern nicht vertreiben. (N)

Die Männer rannten schimpfend vom Acker. (R)

Bauer Heinrich pflügte den Acker um. (B)

Die Schildbürger streuten Salz auf die Felder. (S)

Zucker wächst auf den Feldern. (E)

Das Salzkraut biss die Männer bei der Ernte in Beine, Hände und Arme. (E)

Name:

lesen | schreiben | Spracharbeit | rätseln | malen/basteln | forschen

Das weiße Gold

Lies den Text. Setze die Wörter an den passenden Stellen ein.

Gold Mittelalter Ägypter Römer Sahara

Salz ist heute leicht zu bekommen und sehr billig. Deshalb haben wir vergessen, dass es noch bis vor etwa hundert Jahren als eines der wertvollsten Güter galt. Denn ohne Salz wäre unser Körper nicht lebensfähig. Daher war es lange Zeit so kostbar wie ________. Wer Salz hatte, besaß Macht und Reichtum. Um seinen Besitz wurde viel gestritten und gekämpft.

Schon die alten ________ wussten den Wert des Salzes zu schätzen. Sie hatten als Erste herausgefunden, dass in Salz eingelegtes Gemüse länger frisch bleibt und auch besser schmeckt. Sogar verstorbene Pharaonen hielten sich als Mumien in Salz eingelegt länger.

Auch die ________ liebten das Salz. Manche Straßen haben sie sogar „Via Salaria“ (Salzstraße) genannt.

In der Wüste ________ gibt es Salz in riesigen Mengen. Die Herrscher von Timbuktu wurden durch den Salzhandel sehr reich. Mit dem vielen Salz dort konnten sie sogar Häuser und Paläste aus Salzstein erbauen lassen.

Als die Schildbürger lebten, also im ________, war das Salz neben dem Getreide eines der wichtigsten Handelswaren. Da es noch keine Kühlschränke gab, wurden Lebensmittel in großen Mengen Salz eingelagert. Durch die Salzkruste blieben Fisch und Fleisch frisch, da sie nicht von Bakterien angegriffen wurden. Salz diente auch als Zahlungsmittel. Vielleicht kannst du jetzt verstehen, dass wegen des Salzes sogar Kriege geführt wurden.

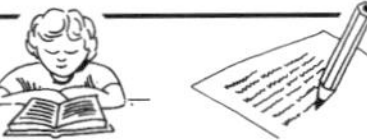

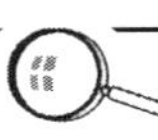

Name:

lesen **schreiben** Spracharbeit rätseln malen/basteln **forschen**

Zucker oder Salz?

Woher kommt Salz? Wie entsteht Zucker? Lies die Texte.
Schreibe jeweils dazu, ob es sich um Zucker oder Salz handelt.

Jeder streut es einfach auf sein Essen. Dabei liegt es nicht irgendwo in der Gegend herum, sondern wird tief unter der Erde abgebaut: in einem Bergwerk. Bergleute arbeiten in diesen Stollen. Riesige Maschinen brechen Steine ab und in Mahlwerken werden sie gleich vor Ort zu kleinen Körnchen verarbeitet.

1493 brachte Kolumbus eine langstielige Pflanze nach Mittelamerika. Bis heute wird aus diesem Rohr der Saft gepresst. Ist das Wasser verdampft, bleiben von dem Pflanzensaft braun gefärbte Kristalle zurück.

Warst du schon einmal im Urlaub am Meer? Hast du beim Schwimmen schon einmal Meerwasser verschluckt? Meerwasser wird in heißen Ländern in flache Becken geleitet oder gepumpt. Die Sonne lässt das Wasser langsam verdunsten und in den ausgetrockneten Becken bleiben viele kleine, weiße Körnchen übrig.

Oben sieht man nur eine Menge grüner Blätter, ähnlich wie großer Spinat. Unter der Erde allerdings wächst eine wertvolle Rübe. Klein geschnitten wird sie in Wasser gekocht und ausgepresst. Lässt man das Wasser danach verdampfen, entstehen weiße Kristalle.

Name:

Wir züchten Salzkristalle

Du brauchst:

- warmes Wasser
- einen Messbecher
- eine flache Schale
- Kochsalz
- einen Teelöffel
- Lebensmittelfarbe
- einen Bindfaden
- einen Holzspieß

So geht's:

1. Rühre in 100 ml warmes Wasser löffelweise Salz. Du brauchst ungefähr acht Teelöffel, auf jeden Fall so viel, dass sich das Salz trotz Umrühren nicht mehr auflöst.

2. Färbe das Salzwasser mit Lebensmittelfarbe ein. Dann leuchten die Kristalle später in einer schönen Farbe.

3. Lass die Salzlösung in einer flachen Schale für eine Woche an einem warmen Ort stehen. Das Wasser verdunstet und es bilden sich kleine Kristalle.

4. Suche die größten Kristalle heraus und binde sie der Reihe nach an einen Bindfaden.

5. Befestige den Bindfaden an einem Holzspieß.

6. Stelle nochmals wie unter 1. und 2. beschrieben eine Salzlösung her.

7. Lege den Spieß in die Schale mit der Salzlösung. Der Kristallfaden soll in der Lösung hängen.

8. Stelle die Schale wieder an einen warmen Ort. In der folgenden Woche verdunstet das Wasser und die Kristalle wachsen.

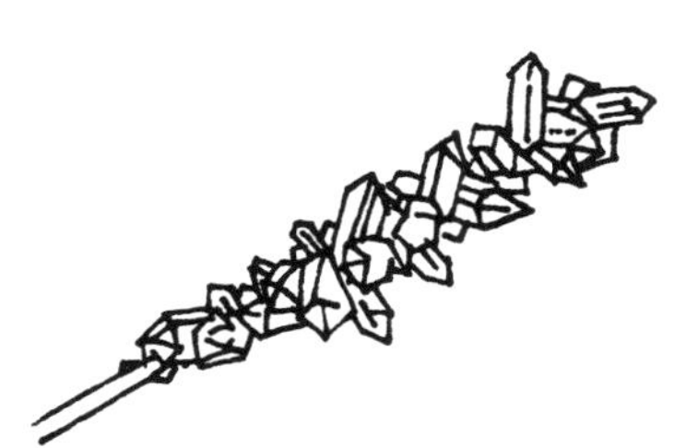

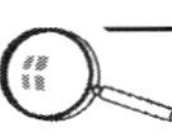

Name:

lesen **schreiben** **Spracharbeit** rätseln malen/basteln forschen

Im Märzen der Bauer

Melodie und Text: aus Mähren

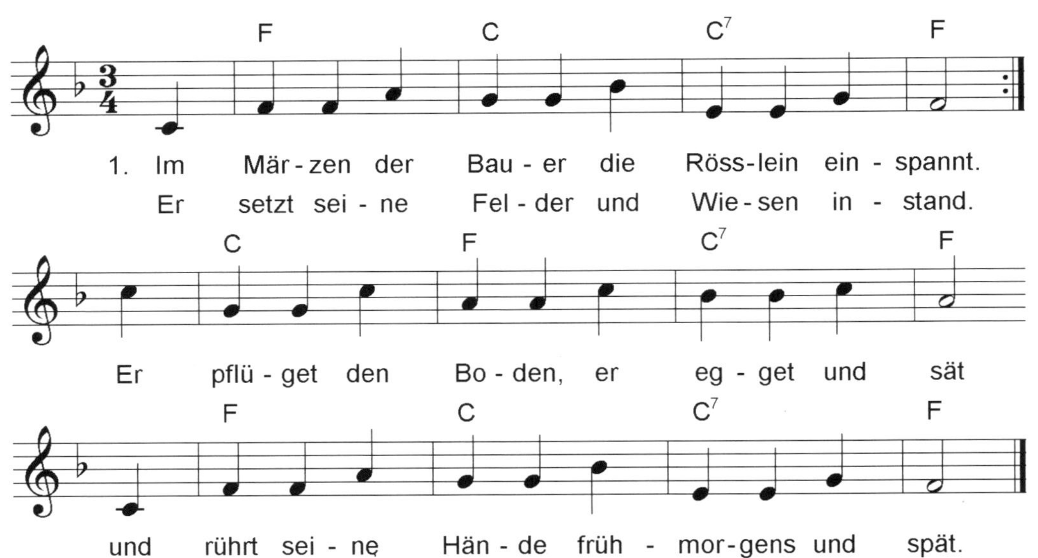

Ergänze in den folgenden Strophen jeweils das passende Reimwort.

erfuhr Geschrei zeigt einspannt nur herbei vergeigt instand

2. Und kommt mit der Zeit nun die Ernte ____________,
   da hört man in Schilda so manches ____________.
   Das Salzkraut gar bissig und feurig sich ____________,
   die Ernte unmöglich, ja völlig ____________.

3. In Schilda der Bauer die Rösslein ____________,
   er setzt seine Felder nun wieder ____________.
   Das Salzkraut erwies sich als Brennnesseln ____________,
   welch Schande, dass jeder die Dummheit ____________.

Name:

Sparsame Leute

Male in jeder Reihe das richtige Adjektiv an.

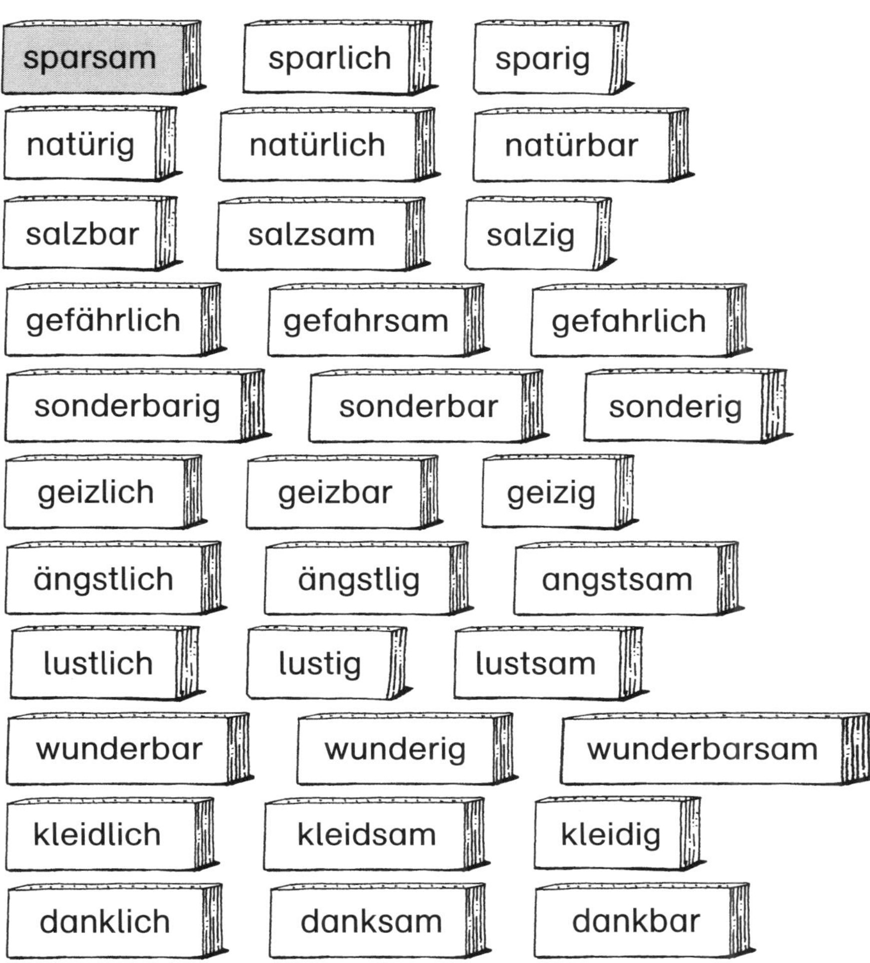

sparsam | sparlich | sparig
natürig | natürlich | natürbar
salzbar | salzsam | salzig
gefährlich | gefahrsam | gefahrlich
sonderbarig | sonderbar | sonderig
geizlich | geizbar | geizig
ängstlich | ängstlig | angstsam
lustlich | lustig | lustsam
wunderbar | wunderig | wunderbarsam
kleidlich | kleidsam | kleidig
danklich | danksam | dankbar
einlich | einbar | einsam

Trage die Adjektive aus der ersten Aufgabe richtig in die Tabelle ein.

-sam	-ig	-lich	-bar
sparsam			

Name:

    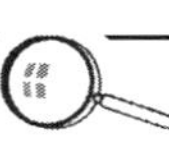

lesen **schreiben** Spracharbeit rätseln malen/basteln forschen

Schwierige Ernte

Die Schildbürger suchen nach Möglichkeiten, wie das Gras auf der Stadtmauer geerntet werden kann. Wer sagt was?

Ergänze die Sätze.

„Da wir sparsame Leute sind, sollten wir das Gras abmähen und verfüttern", sagte der Metzger.

„Das ist ein guter Vorschlag", lobte ______________________.

„Sollen wir uns vielleicht die Hälse brechen?", fragte ______________________.

„Wir müssen ein Gerüst bauen", meinte ______________________.

„Ein Gerüst wäre viel zu aufwendig", erwiderte ______________________.

______________________ fragte: „Wer soll denn das Gras bekommen?"

„Unser Stadtbulle natürlich", antwortete ______________________.

„Wenn er schon den Nutzen hat, soll er sich das Gras auch selbst holen", meinte ______________________.

______________________ sagte: „Der Vorschlag gefällt mir."

„Aber wie soll der Bulle auf die Mauer hinaufkommen?", fragte ______________________ ______________________.

______________________ erklärte: „Wir brauchen einen langen Strick. Ein Ende des Strickes binden wir dem Bullen um den Hals, das andere Ende werfen wir über die Mauer und ziehen den Bullen hoch."

Name:

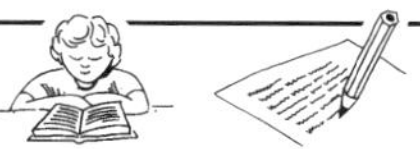

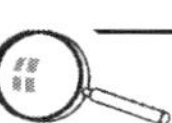

Bullenspiele – Bastelanleitung

Du brauchst:
- Buntstifte
- Schere
- Klebstoff
- einen dünnen Karton

So geht's:
1. Male die Bullen an.
2. Schneide sie grob aus und klebe sie auf dünnen Karton.
3. Schneide die aufgeklebten Bullen entlang der gestrichelten Linie aus.

Bullenspiele

Bullenwettziehen

Dieses Spiel lässt sich gut im Klassenzimmer durchführen.

Jedes Kind braucht:

- einen Papierbullen
- 1,5 m Schnur
- einen Bleistift

So geht's:

1. Bindet ein Ende der Schnur um den Hals eures Bullen und das andere Ende um den Bleistift.
2. Setzt euch verkehrt herum auf euren Stuhl und haltet den Bleistift mit beiden Händen fest. Die Schnur hängt über die Lehne, der Bulle liegt am Boden.
3. Auf ein Kommando dreht jeder den Bleistift so, dass sich die Schnur aufwickelt. Bei wem purzelt der Bulle zuerst über die Lehne?

Bullenspiele

Bullenrettung

Dieses Spiel lässt sich gut in der Turnhalle als Staffellauf durchführen.

Jede Staffel braucht:

- viele Papierbullen
- eine Schachtel

So geht's:

1. Teilt euch in gleich große Staffeln auf.
2. Jede Staffel legt ihre Bullen in eine Schachtel.
3. Klemmt die Schachtel oben auf der Sprossenwand ein.
4. Auf ein Kommando rennt der erste Läufer los: Er klettert an der Sprossenwand hoch, befreit einen Bullen aus seiner misslichen Lage und nimmt ihn mit. Sobald er zurück bei seiner Gruppe ist, startet der nächste Läufer.
   Welche Staffel hat in einer vorgegebenen Zeit am meisten Bullen befreit?

Tipp: Ihr könnt auf dem Weg Hindernisse einbauen.

Name:

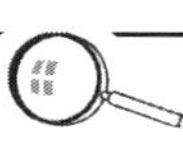

lesen **schreiben** Spracharbeit rätseln malen/basteln forschen

Die Nachricht des Boten

Ein Bote kommt nach Schilda, um eine wichtige Nachricht zu übermitteln.

Unser allergnädigster Kaiser wird eure Stadt heute in 14 Tagen besuchen. Er wünscht, dass ihr ihm halb geritten und halb gegangen entgegenkommt. Außerdem wünscht er, dass sich eure Antwort auf seine Begrüßungsworte reimt. Wenn ihr beide Bedingungen erfüllt, wird unser allergnädigster Kaiser Schilda zur freien Reichsstadt ernennen und den Bürgern die Steuern erlassen.

Was verkündet der Bote? Beantworte die Fragen in ganzen Sätzen.

Wer kommt zu Besuch?

Wann?

Welche Bedingungen stellt er?

1.

2.

Was passiert, wenn die Bedingungen erfüllt werden?

Dichte einen Reim zur Begrüßung des Kaisers. Schreibe ihn in dein Heft.

Wer findet das richtige Reimwort?

Die Schildbürger geben sich große Mühe mit ihren Reimen. Schließlich will jeder Bürgermeister werden! Aber leider bringen sie ihre Reimwörter durcheinander, als sie ihre Gedichte vor dem Stadtrat aufsagen.

Hilf den Schildbürgern beim Dichten. Schneide die Wörter unten aus und klebe sie über die falschen Reimwörter.

Der Meister Schmied bin ich genannt,
den Hammer schwing ich in der Faust.

Ich bin ein rechtschaffener Bauer
und lehne meinen Spieß an die Wand.

Ich heiße Meister Hildebrand
und lehne meinen Spieß wohl an die Mauer.

Ihr Herrn, ich möcht gern Schultheiß sein,
darum bin ich zu Euch gekommen hierher.

Ihr lieben Herrn, ich tret hierher,
meine Hausfrau heißt Kathrein,
ist schöner als mein schönstes Schwein
und trinkt gern guten, kühlen Most.

herein,	Wein.	Wand.	hierein.	Mauer.	Hand.

Name:

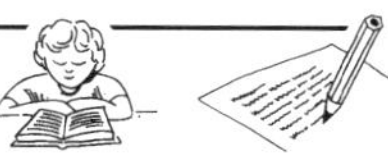

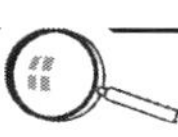

lesen schreiben **Spracharbeit** rätseln **malen/basteln** forschen

Lauter Reime

Viele Schildbürger liegen in der Nacht wach, weil ihnen kein guter Reim einfällt. Findest du die richtigen Reimwörter?

In jeder Zeile reimt sich ein Verb nicht. Streiche es durch.

kaufen	mampfen	raufen	laufen		
sitzen	spitzen	stehen	schwitzen	spritzen	
gehen	flehen	stehen	sehen	stehlen	
wachen	knallen	lachen	krachen	machen	
singen	springen	sprinten	klingen	bringen	
fliegen	wiegen	siegen	singen	kriegen	liegen

Male die Karten der zusammengehörenden Reimwörter jeweils mit einer Farbe aus.

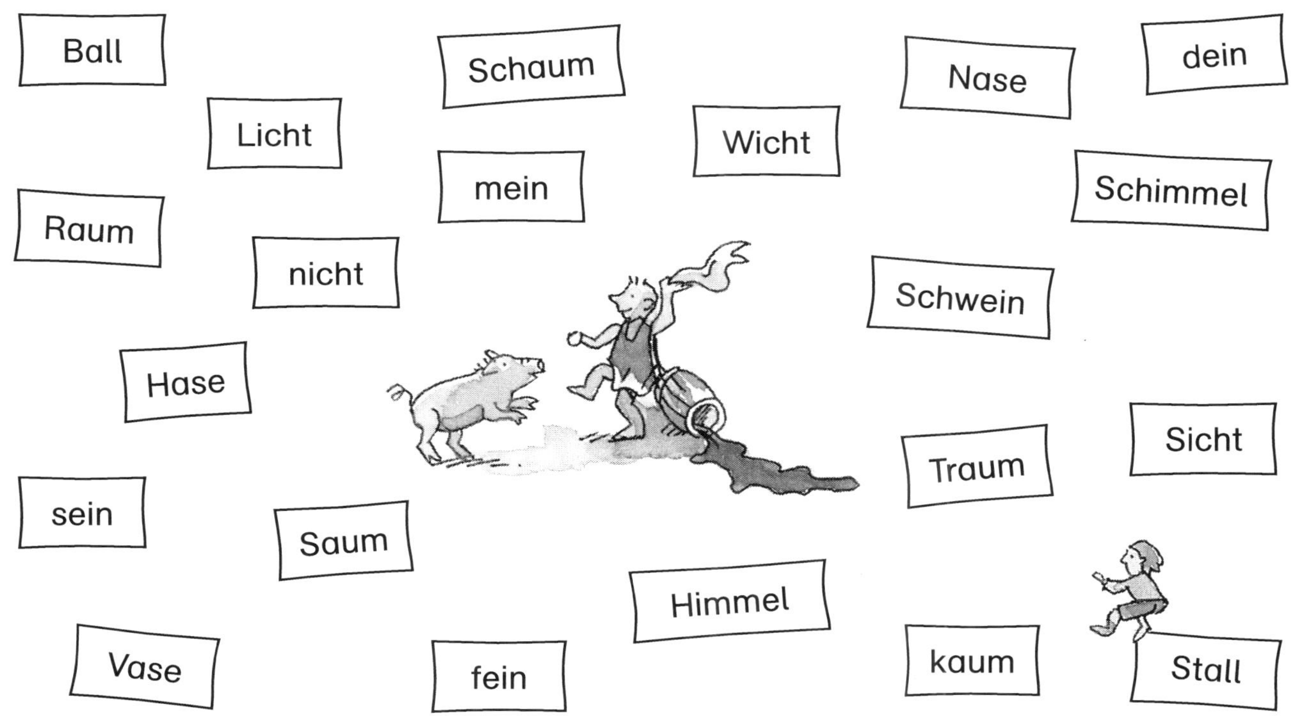

Name:

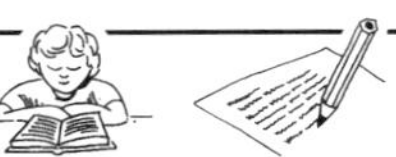

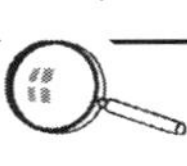

lesen **schreiben** Spracharbeit rätseln malen/basteln forschen

Wie begrüßt man einen Kaiser?

Der Bürgermeister übt seinen Willkommensreim. Was wollte er sagen?

Bürgermeister:

Kaiser: „Danke, Bürgermeister, du mir auch."

Bürgermeister:

Tatsächlich antwortet der Kaiser etwas anderes. Schreibe es auf.
Finde einen Reim darauf.

Bürgermeister: „Herr Kaiser, seid uns willkommen!"

Kaiser:

Bürgermeister:

Überlege dir einen anderen Begrüßungsreim.
Spiele ihn mit einem Partner vor.

Bürgermeister:

Kaiser:

Bürgermeister:

Name:

Viele Steckenpferde

Der Schreiner strengte sich bei der Herstellung der Steckenpferde besonders an und machte eines schöner als das andere.

Welche beiden Steckenpferde sind gleich? Kreise sie ein.

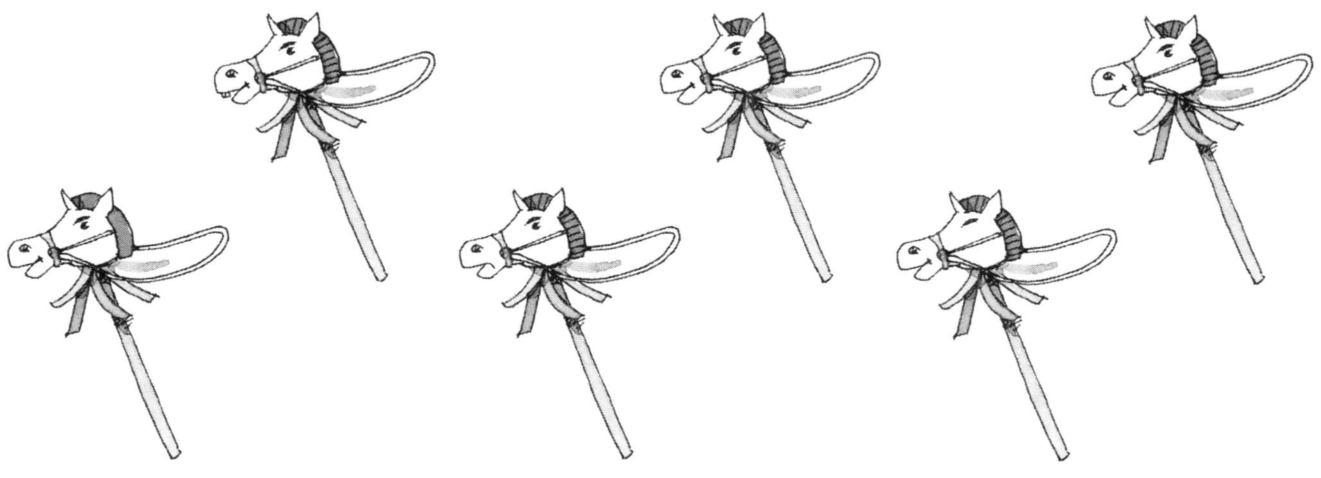

Male das Steckenpferd aus.

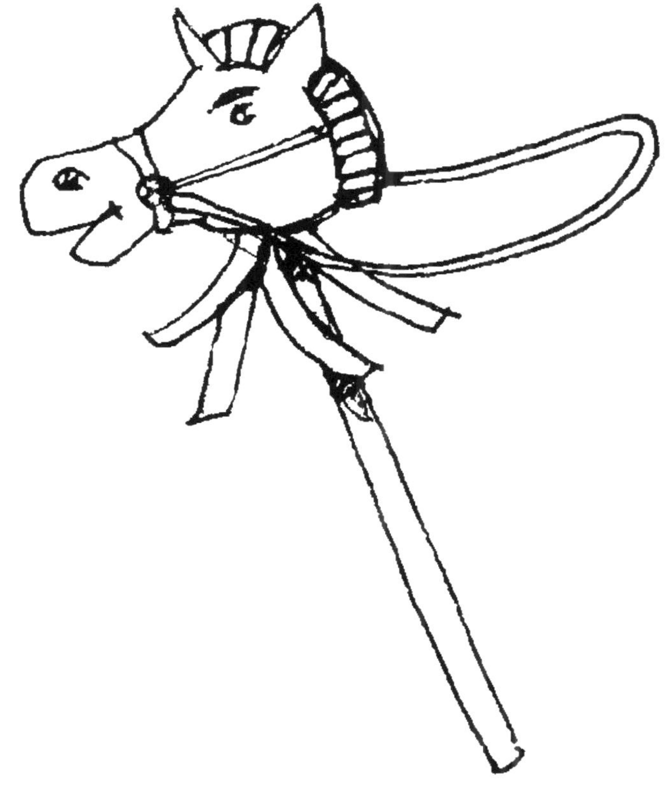

Schildaspiel

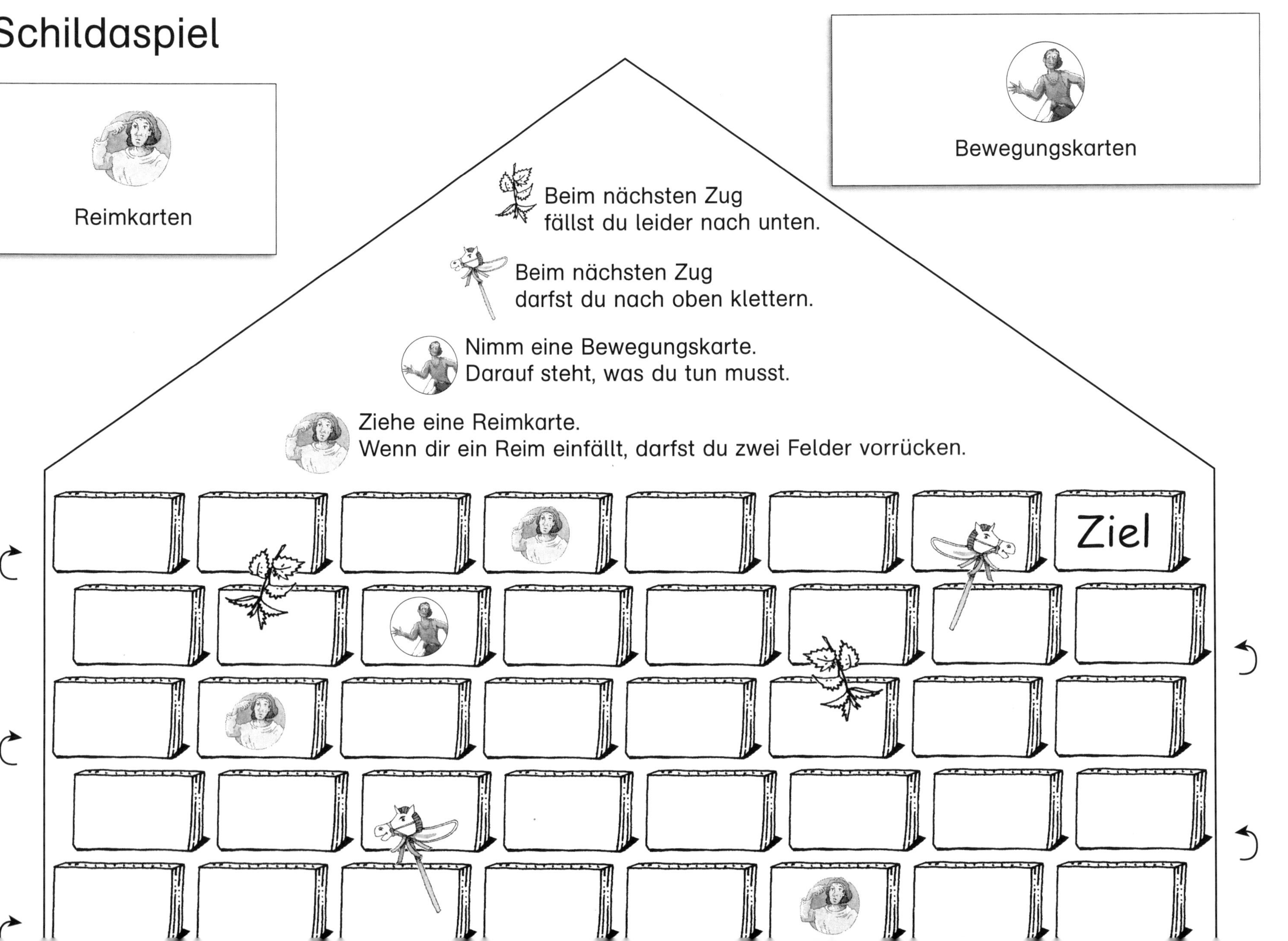

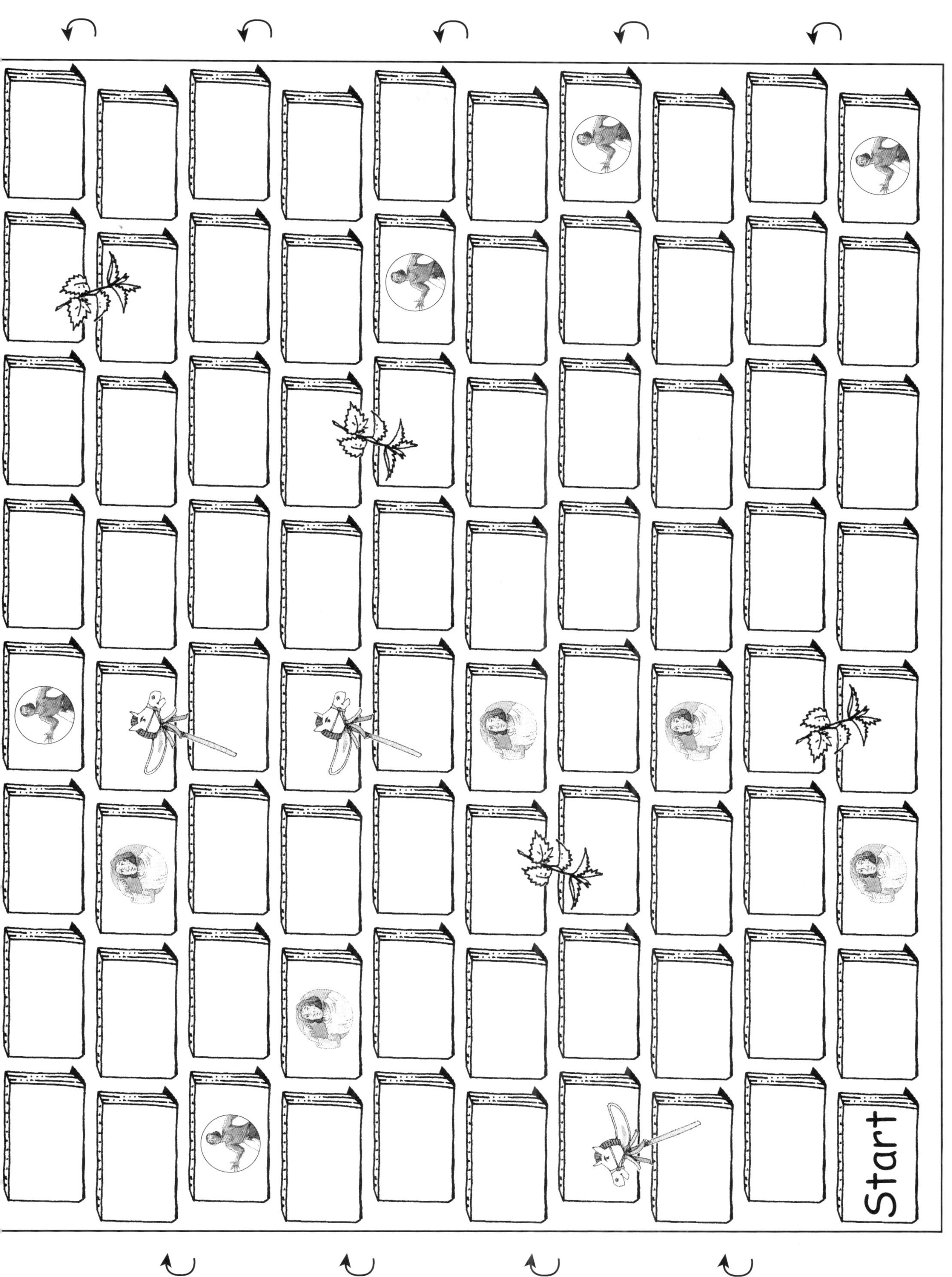
Start

Bewegungskarten

✂

Stelle pantomimisch
einen typischen Beruf
aus dem Mittelalter dar.
Deine Mitspieler
versuchen ihn zu erraten.

Die Frauen sind wütend
auf ihre Männer,
weil sie die ganze Arbeit
allein machen müssen.
Zeige dies pantomimisch.

Im Rathaus ist es dunkel.
Schließe die Augen und
ertaste den Gegenstand,
den dir ein Mitspieler gibt.

Du sollst helfen, den Bullen
am Seil die Stadtmauer
hochzuziehen.
Der Bulle ist schwer.
Trainiere mit drei Liegestützen.

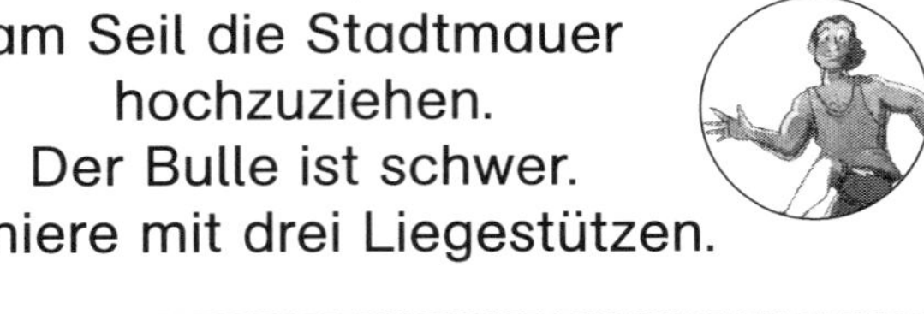

Du wirst als Schildbürger durch
das Salzkrautfeld getragen.
Deine Mitspieler heben
dich auf deinem Stuhl
einmal hoch.

Du musst
das Salzkraut ernten.
Die Brennnesseln beißen.
Hüpfe schnell auf
einem Bein um den Tisch.

Bei den Schildbürgern
wird das Salz knapp.
Zeige mit deinem
Gesichtsausdruck,
dass das Essen fad schmeckt.

Du bewachst das Salzkraut.
Setze dich auf deinen Stuhl,
ohne den Boden
zu berühren, damit dich
die Brennnesseln nicht beißen.

Du besteigst
dein Steckenpferd.
Setze dich verkehrt herum
auf deinen Stuhl.

Die Schildbürger reiten
auf ihren Steckenpferden.
Stell dir vor, du hast auch ein
Steckenpferd, und reite damit
durch das Klassenzimmer.

Dein Steckenpferd
begrüßt den Kaiser.
Wiehere dreimal.

Der Kaiser kommt
nach Schilda.
Begrüße ihn
mit einer Verbeugung.

Reimkarten

✂

 klein fein	 Tanne Kanne	 Maus Haus
 fliegen liegen	 Rose Hose	 Gramm Kamm
 tief schief	 Kuss Fluss	 Feuer Steuer
 Krach wach	 Schrank Bank	 Land Rand
 Schnecke Ecke	 Saum Traum	 Laub Staub
 satt Blatt	 Blitze Spitze	 Nase Hase
 Ball Knall	 Schrauben rauben	 Wonne Tonne

Name:

lesen schreiben Spracharbeit rätseln malen/basteln forschen

Das Ende der Geschichte

Lies genau und kreuze immer den richtigen Satz an.

1. ☐ Die Schildbürger hatten noch nie eine Maus gesehen.
   ☐ Die Schildbürger hatten schon oft eine Katze gesehen.
   ☐ Die Schildbürger hatten noch nie eine Katze gesehen.

2. ☐ Als der Fremde die Katze loslässt, erlegt sie viele Mäuse.
   ☐ Als der Fremde die Katze loslässt, erlegt sie keine Mäuse.
   ☐ Als der Fremde die Katze festhält, erlegt sie viele Mäuse.

3. ☐ Der Fremde sagt: „Maushunde sind sehr selten. Aber meiner ist verkäuflich."
   ☐ Der Fremde sagt: „Maushunde sind sehr kostbar. Daher ist meiner unverkäuflich."
   ☐ Der Fremde sagt: „Maushunde sind sehr selten. Und eigentlich ist meiner unverkäuflich."

4. ☐ Der Bürgermeister holt das Gold aus der Stadtkasse und kauft die Maus.
   ☐ Der Bürgermeister holt das Gold aus der Stadtkasse und kauft den Maushund.
   ☐ Der Bürgermeister holt das Geld aus der Stadtkasse und kauft den Maushund.

5. ☐ Der Schildbürger ruft: „Wenn der Maushund keine Mäuse mehr mag, wird er unser Vieh und dann uns selber fressen!"
   ☐ Der Schildbürger ruft: „Wenn es bei uns keine Mäuse mehr gibt, wird der Maushund erst unser Vieh und dann uns selber fressen!"
   ☐ Der Schildbürger ruft: „Wenn es bei uns nur noch weiße Mäuse gibt, wird der Maushund erst unser Vieh und dann uns selber fressen!"

6. ☐ Als die Schildbürger die Katze jagen, flüchtet sie ängstlich ins Rathaus.
   ☐ Als die Schildbürger die Katze jagen, rennt sie in den Ochsenwirt.
   ☐ Als die Schildbürger die Katze jagen, klettert sie auf einen Baum.

7. ☐ Die Schildbürger zünden ihre Stadt an, weil der Maushund Angst vor ihnen hat.
   ☐ Die Schildbürger zünden ihre Stadt an, weil sie Angst vor dem Maushund haben.
   ☐ Die Schildbürger zünden ihre Stadt an, weil sie eine neue Stadt bauen wollen.

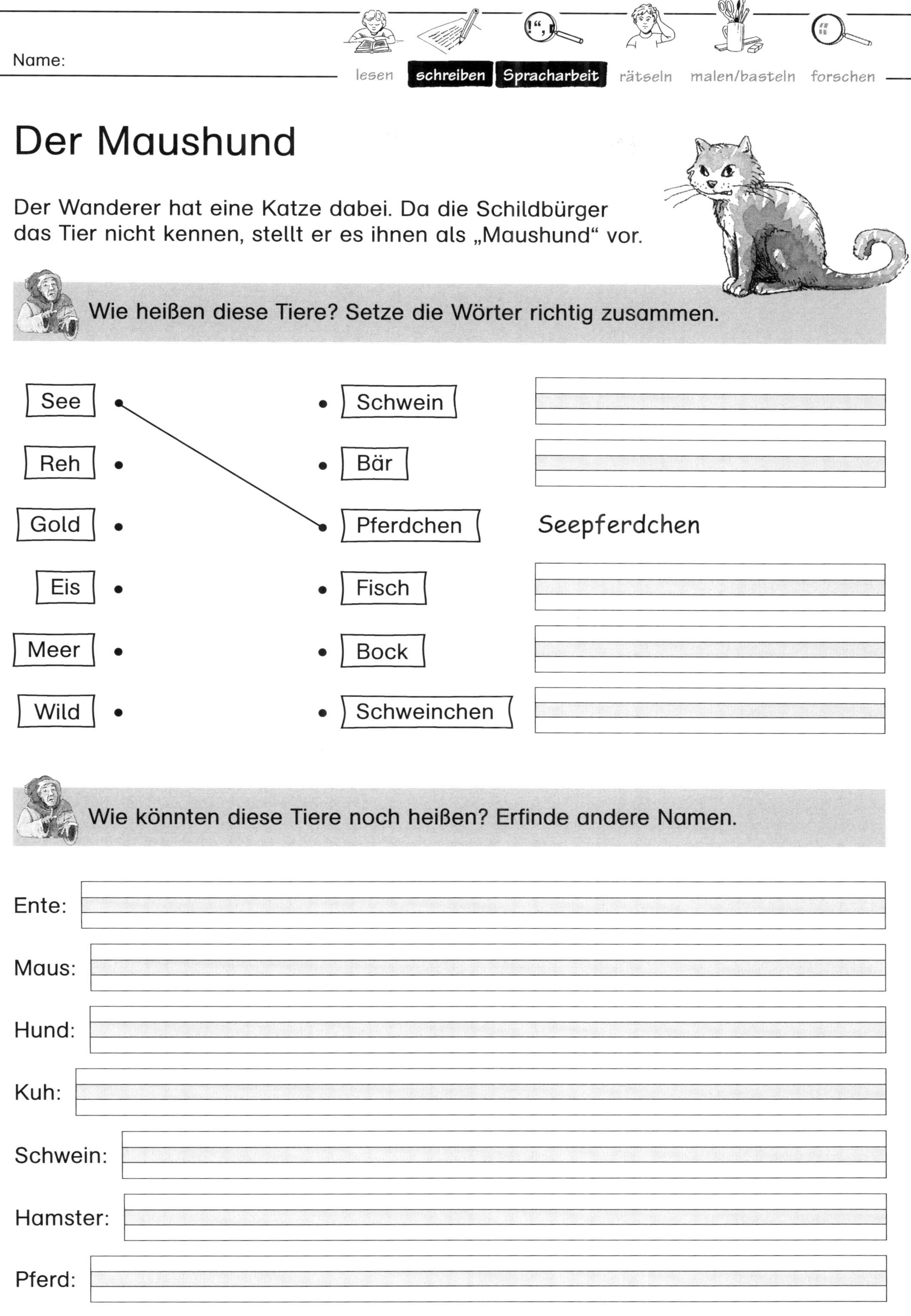

Name:

lesen **schreiben** **Spracharbeit** rätseln malen/basteln forschen

Der Maushund

Der Wanderer hat eine Katze dabei. Da die Schildbürger das Tier nicht kennen, stellt er es ihnen als „Maushund“ vor.

Wie heißen diese Tiere? Setze die Wörter richtig zusammen.

See	Schwein	
Reh	Bär	
Gold	Pferdchen	Seepferdchen
Eis	Fisch	
Meer	Bock	
Wild	Schweinchen	

Wie könnten diese Tiere noch heißen? Erfinde andere Namen.

Ente:

Maus:

Hund:

Kuh:

Schwein:

Hamster:

Pferd:

Name:

Auf Mäusejagd

Wie viele Mäuse findest du auf den Bildern im letzten Kapitel? Zähle sie.

Es sind ☐ Mäuse.

Gehe auf Mäusejagd! Suche zuerst nur mit den Augen und dann mit einem Stift die vier Wege zu den Mäusen.

Name:

lesen schreiben Sprachabeit rätseln malen/basteln forschen

Kreuz und quer durchs Buch

Hast du das Buch genau gelesen? Kreuze jeweils die richtige Antwort an.

1. Wann spielen die Geschichten über die Schildbürger?
   - ☐ vor knapp fünfzig Jahren
   - ☐ vor mehr als fünfhundert Jahren
   - ☐ vor über tausend Jahren

2. Wie ist das neue Rathaus von Schilda?
   - ☐ dreieckig
   - ☐ viereckig
   - ☐ rund

3. Wie viele Musiker spielen bei der Einweihung des Rathauses? Zähle auf dem Bild nach.
   - ☐ drei
   - ☐ vier
   - ☐ sieben

4. Womit wollen die Schildbürger das Sonnenlicht einfangen?
   - ☐ Eimer
   - ☐ Mehlsäcke
   - ☐ Gießkannen

5. Welche Pflanze wollen die Schildbürger anbauen?
   - ☐ Brennnessel
   - ☐ Salzkraut
   - ☐ Zuckerrübe

6. Wie viele Schildbürger versuchen auf dem Bild, den Bullen an der Stadtmauer hochzuziehen?
   - ☐ sechs Männer
   - ☐ acht Frauen
   - ☐ drei Männer und zwei Frauen

7. Wer gewinnt den Reimwettbewerb und wird neuer Bürgermeister?
   - ☐ Bauer Heinrich
   - ☐ Schmied
   - ☐ Schweinehirt

8. Warum erlässt der Kaiser den Schildbürgern die Steuern?
   - ☐ Er hat schon genug Geld.
   - ☐ Er freut sich über das schöne Fest.
   - ☐ Sie haben seine Bedingungen erfüllt.

9. Welches Gebäude zünden die Schildbürger zuerst an, weil der Maushund sich darin versteckt?
   - ☐ Gasthof „Ochse“
   - ☐ Rathaus
   - ☐ Haus des Schweinehirten

10. Welches Tier kommt im Buch nicht vor?
    - ☐ Kuh
    - ☐ Katze
    - ☐ Taube

Deine Meinung ist gefragt!

Wie hat dir das Buch gefallen? Kreuze an und schreibe auf.

Ich fand das Buch …

☐ toll. ☐ gut. ☐ nicht so gut. ☐ doof.

Den Text fand ich …

☐ zu schwer. ☐ gut verständlich. ☐ zu leicht.

Die Bilder fand ich …

☐ witzig. ☐ langweilig. ☐ schön. ☐ übertrieben.

Welche Geschichte hat dir am besten gefallen? Begründe.

Welche Geschichte hat dir nicht so gut gefallen? Begründe.

Male deine Lieblingsszene aus dem Buch.

Schildbürgerspiele

Im dunklen Rathaus

Dieses Spiel lässt sich gut zu zweit in der Turnhalle durchführen.

Jedes Schülerpaar braucht:

- einige Slalomstangen oder Hütchen
- Schal, Tuch oder Augenmaske

So geht's:

1. Baut mit den Stangen oder Hütchen einen Slalomparcours auf.
2. Verbinde deinem Partner die Augen. Er befindet sich nun im stockdunklen Rathaus von Schilda.
3. Führe deinen Partner an der Hand durch den aufgebauten Parcours.
4. Gib ihm beim zweiten Durchgang nicht mehr die Hand, sondern laufe nebenher und sag ihm, in welche Richtung (rechts – links – geradeaus) er gehen muss.
5. Anschließend wird gewechselt.

Tipp: Baut zwei Parcours auf und veranstaltet einen Wettbewerb. Welches Team schafft es schneller durch das dunkle Rathaus von Schilda, ohne etwas umzuwerfen?

Schildbürgerspiele

Über den Salzacker

Für dieses Spiel müsst ihr euch in Gruppen von je fünf Kindern aufteilen.

Jede Gruppe braucht:

- eine Turnmatte
- zwei Hütchen

So geht's:

1. Steckt den „Salzacker" ab: Stellt an den Anfang und das Ende ein Hütchen.
2. Ein Mitspieler setzt sich auf die Turnmatte.
3. Die anderen vier „Schildbürger" heben die Matte hoch und tragen sie über den Salzacker. Sie gehen bis zum Hütchen und dann wieder zurück.
4. Anschließend wird gewechselt.

Tipp: Baut zwei Parcours auf und veranstaltet einen Wettbewerb. Welches Team trägt nacheinander alle Mitspieler schneller über den Salzacker?

Schildbürgerspiele

Bulle gegen Schildbürger

Bei diesem Spiel treten jeweils zwei Schüler gegeneinander an.

Jedes Schülerpaar braucht:

- zwei Seile

So geht's:

1. Ein Schüler ist der Bulle, der andere ein Schildbürger.
2. Legt ein Seil als Trennlinie zwischen Bulle und Schildbürger auf den Boden.
3. Das andere Seil fassen der Bulle und der Schildbürger jeweils an einer Seite an.
4. Auf Kommando zieht jeder an dem Seil. Wer kann wen über die Mittellinie ziehen?

Tipp: Veranstaltet einen kleinen Wettbewerb, bei dem die Sieger jeweils gegeneinander antreten.

Schildbürgerspiele

Ritt auf dem Steckenpferd

Dieses Spiel könnt ihr einzeln durchführen.

Jeder braucht:

- einen langen Gegenstand als Steckenpferd (Isorohr, Hockeyschläger oder Holzstab)
- Slalomstangen, Hütchen, Kastendeckel oder Langbänke

So geht's:

1. Baut aus Slalomstangen, Hütchen, Kastendeckeln oder Langbänken einen Hindernisparcours auf. Legt die Start- und Ziellinie sowie die Strecke fest.
2. Ein Kind setzt sich auf sein Steckenpferd und muss nun im Pferdchengalopp über die Hindernisse hinweg- oder zwischen ihnen hindurchreiten.

Tipp: Wenn ihr zwei Hinderniswege aufbaut, könnt ihr im Wettlauf galoppieren.